Grzegorz Lydek

Il mistero di Gesù misericordioso

Grzegorz Lydek

Il mistero di Gesù misericordioso

Dio rivelato e accessibile agli uomini

Edizioni Sant'Antonio

Imprint
Any brand names and product names mentioned in this book are subject to trademark, brand or patent protection and are trademarks or registered trademarks of their respective holders. The use of brand names, product names, common names, trade names, product descriptions etc. even without a particular marking in this work is in no way to be construed to mean that such names may be regarded as unrestricted in respect of trademark and brand protection legislation and could thus be used by anyone.

Cover image: www.ingimage.com

Publisher:
Edizioni Accademiche Italiane
is a trademark of
International Book Market Service Ltd., member of OmniScriptum Publishing Group
17 Meldrum Street, Beau Bassin 71504, Mauritius

Printed at: see last page
ISBN: 978-613-8-39102-9

INTRODUZIONE

Con grande gioia desidero offrirvi la presente riflessione teologica sul mistero di Gesù misericordioso in santa Faustina Kowalska. Contemplare la misericordia, cioè l'attributo più grande di Dio, vuole dire vederla impressa nel volto di Gesù Cristo - Verbo incarnato, vivo in mezzo a noi, presente realmente nella Chiesa. Santa Faustina, in questo tempo di grazia, ci può illuminare e "guidare" nell'approfondimento del grande tema teologico.

La "Misericordia" è la "forma dell'amore" di Dio. La illustra, in maniera eccellente, la parabola evangelica del padre e dei due figli (cf. *Lc* 15,1-32). In latino "misericordia" significa mostrare un cuore pieno d'amore per chi si trova nella miseria. Il padre della parabola manifestò al figlio prodigo il cuore che ama, gli salvò la vita e gli ridonò lo splendore della sua dignità infangata.

La misericordia[1] di Dio rivela il suo Mistero, (gr."secreto") non è qualcosa di semplicemente oscuro o inspiegabile (come, per es. un'uccisione "misteriosa"), ma è il piano amoroso di Dio per la salvezza dell'umanità, che ora è stato svelato per mezzo di Cristo (cf. *Rm* 16,25; *Ef* 1,9; 3,9; *Col* 1,26-27; 2,2; 4,3). La realtà misteriosa di Dio, rivelata definitivamente in Cristo, trascende la ragione e la comprensione umana. La mente umana, infatti, non può afferrare Dio; è la maestà divina che afferra noi. La teologia protestante ha seguito il tema luterano del *Deus revelatus sed absconditus* (lat. "Dio rivelato, ma tuttora nascosto"). Gli Ortodossi hanno coltivato la teologia apofatica che sottolinea l'inaccessibilità di Dio. Nel secolo XIX, il Concilio Vaticano I Matthias Scheeben (1835-1888) e altri hanno parlato dei misteri rivelati o delle verità intorno a Dio (misteri al plurale). La teologia più recente e l'insegnamento ufficiale hanno accentuato l'unità dell'auto-rivelazione di Dio. Karl

[1]Per misericordia si intende la cura amorosa di Dio per tutte le sue creature, specialmente per gli esseri umani. Essa ci invita a nostra volta a solidarizzare e ad alleviare le miserie altrui. L'Antico Testamento fa uso di tre parole per esprimere la misericordia. *Hesed* (ebr. חסד - bontà), o delicatezza fedele; è fondata su un vincolo o su un'alleanza come il matrimonio (cf. *Gn* 20,13) o su un rapporto stretto (cf. *1 Sam* 20,8.14-15). *Rahamin* (ebr. grembo); è la simpatia viscerale o la compassione, come quella di una madre per il suo bambino (cf. *Is* 49,15). *Hen* (ebr. grazia); esprime il modo con cui il favore di Dio è elargito gratuitamente e indipendentemente dai meriti del ricevente (cf. *Es* 33,12-17). Gli esseri umani possono invocare la misericordia e Dio è quanto mai desideroso di donarla (cf. *Sal* 51; 113; 117). Il Nuovo Testamento esalta la misericordia di Dio (cf. *Lc* 1,50.54.72.78) rivelata ed espressa soprattutto mediante le parole e i fatti di Gesù (cf. *Mt* 9,10-13; 18,21-35; Lc 10,29-37). Il cieco invoca Gesù perché abbia pietà di lui (cf. *Mc* 10,47-48). Questa preghiera è entrata a far parte della preghiera dei cristiani, soprattutto in Oriente. Si deve tendere ad imitare il Padre celeste nella sua misericordia, e, a sua volta, Dio sarà misericordioso con coloro che eserciteranno la misericordia (cf. *Mt* 6,12; 25,31-46; Lc 11,4): cf. G. O'COLLINS, E. G. FARRUGIA, *Dizionario sintetico di teologia M-N*, LEV, Città del Vaticano 1991, p. 716.

Rahner (1904-1984), il Concilio Vaticano II e le encicliche di san Giovanni Paolo II favoriscono il linguaggio del "Mistero", anziché quello dei divini "misteri".

Il "Mistero" di Cristo consiste in tutta "l'opera della nostra Redenzione", che la Chiesa celebra, vive e testimonia nella sua Liturgia. La Chiesa annunzia e celebra il Mistero di Cristo nella Liturgia, affinché i fedeli ne vivano e ne rendano testimonianza al mondo, infatti: «nella Liturgia, massimamente nel divino sacrificio dell'Eucaristia, "si attua l'opera della nostra Redenzione", essa permette ai fedeli di esprimere e manifestare agli altri nella loro vita il Mistero di Cristo e la genuina natura della vera Chiesa»[2].

Lo Spirito Santo fa memoria del mistero salvifico nella Liturgia della Chiesa, soprattutto nell'Eucaristia e negli altri sacramenti. Lo Spirito e la Chiesa cooperano per manifestare Cristo e la sua opera di salvezza nella Liturgia. Specialmente nell'Eucaristia, e in modo analogo negli altri sacramenti, la Liturgia è Memoriale del Mistero della salvezza. Lo Spirito Santo è la memoria viva della Chiesa (cf. *Gv* 14,26)[3]. La figura di suor Faustina, la santa polacca più conosciuta dopo padre Kolbe, si ricollega all'immagine di Gesù Misericordioso e alla preghiera della coroncina alla Divina Misericordia dettatale da Cristo. Purtroppo, oggi anche i più ferventi fedeli dimenticano spesso che queste due importanti forme di devozione alla Divina Misericordia sono soltanto un frammento dell'insegnamento lasciatoci.

Esiste dunque un reale pericolo di deformazione e di impoverimento del culto, che rischia di diventare superficiale, più emotivo che profondo, e perdere perciò la sua fecondità per la vita di fede. Per situare la dottrina mistica di suor Faustina nel contesto della storia della mistica cristiana, ho cercato di individuare le sue affinità spirituali con quelle di altre figure, dimostrando la sua novità e la fedeltà alla tradizione della Chiesa. Sono convinto che lo studio della scienza teologica di suor Faustina Kowalska aiuterà a conoscere non solo l'agire misericordioso di Dio, ma anche l'essenza stessa di Dio Uno e Trino. Nel *Diario* di suor Faustina troveremo l'indicazione di come interpretare l'incontro con Gesù, e metterlo nel centro della vita interiore.

Nell'intraprendere questa ricerca, mi sono reso conto delle difficoltà che deve affrontare il lettore del *Diario*. La lettura di questo capolavoro della mistica cristiana, cioè di suor Faustina Kowalska, richiede tempo e pazienza. Per i devoti della Divina Misericordia, che è il fondamento della devozione, dovrebbe essere un testo fondamentale e prezioso[4].

---

[2]*Catechismo della Chiesa Cattolica*, LEV, Città del Vaticano 1992, p. 283.

[3]L. M. FERNANDEZ, *Dizionario Teologico del Catechismo della Chiesa Cattolica M - O*, LEV, Città del Vaticano 1998, p. 2404.

[4]Cf. L. GRYGIEL, *Misericordia Divina per il mondo intero - la mistica di Santa Faustina Kowalska*, Cantagalli, Siena 2003, p. 5.

Se Dio è assente nella vita spirituale dell'uomo sarà assente nella sua vita familiare, nella sua attività politica e sociale, come nel suo lavoro culturale. Se l'uomo non incontra Dio "nella profondità della sua anima," andrà a cercarlo solo nei segni esteriori per porre rimedio alla sua solitudine spirituale. Si confonderà nei gruppi, riuniti intorno a fenomeni eccezionali o seguendo scalmanati profeti improvvisati e di passaggio. Se l'uomo non sarà "pieno di Dio Eterno," se non si dedicherà alla silenziosa contemplazione, soffrirà sempre di solitudine, che nessuno psicoterapeuta o compagnia di persone saprà curare, perché Cristo è il Signore del cosmo e della storia.

L'umile figlia di contadini polacchi offre la sua ricca scienza su Dio che non si scoraggia mai di fronte alle piccole debolezze e ai grandi crimini dell'uomo. Suor Faustina invita gli uomini a studiare la verità sull'infinita Misericordia di Dio ed a camminare con fiducia verso di Lui[5]. Semplice suora, vissuta nel nascondimento e morta alla vigilia della seconda guerra mondiale, suor Faustina è in realtà una donna che ha ricevuto il dono di una grande e straordinaria esperienza mistica. Così ha potuto testimoniare l'amore di Dio per noi, in qualità di "testimone oculare" del Cristo misericordioso. Nella sua semplicità ha ricevuto dal Signore, e nella sua fedeltà ce lo ha trasmesso con interezza, un insegnamento quanto mai efficace, tracciando un cammino di fede per i credenti che vogliono diventare apostoli della Divina Misericordia e tramandare il dono ineffabile alle future generazioni.

San Giovanni Paolo II, mezzo secolo dopo suor Faustina Kowalska, ha ripreso come Papa il suo messaggio, additando a tutto il mondo la "Misericordia di Dio" e dando a ciascuno di noi la certezza di poter cooperare realmente alla diffusione della "Misericordia"[6].

La riflessione che vogliamo intraprendere, come suggerisce il titolo del libro, ha il suo riferimento centrale nel pensiero di santa Faustina sul mistero di Gesù misericordioso, come carattere salvifico per l'uomo. Perciò ricostruiremo brevemente la biografia di Kowalska nel contesto storico della Polonia, illustrando i temi principali della mistica, che la santa ha interpretato e così potremo riflettere su Cristo e il Cuore misericordioso.

Scopo di questo libro è dunque questo: tracciare le linee generali di tale orizzonte e collocare in esso l'aspetto specifico della riflessione di suor Faustina Kowalska, analizzando e presentando alcune chiavi di lettura del pensiero presente nel suo *Diario*.

---

[5]Cf. *ibid.*, p. 8.

[6] L. GRYGIEL, *Misericordia Divina per il mondo intero*, p. 11.

Capitolo I

Biografia di Santa Faustina Kowalska nel contesto storico della Polonia

1.1 Fonti della biografia di Santa Faustina Kowalska

Vissuta all'inizio del secolo appena trascorso, a cavallo fra le due guerre mondiali, e per soli 33 anni, soltanto molto tempo dopo la sua morte, se ne è potuta conoscere tutta la grandezza spirituale.

La biografia di Santa Faustina Elena Kowalska è molto povera di fatti e di date. La principale azione della sua vita si svolge nella sfera spirituale. Benché essa stessa abbia scritto abbastanza della propria vita spirituale (molto più che negli eventi di ogni giorno), non possiamo dire di conoscerla con esattezza, poiché la vita di ogni uomo con Dio, e in modo particolare quella di un mistico, è conoscibile soltanto in parte. Siamo tuttavia al corrente dei più importanti episodi della vita e delle tappe principali dello sviluppo spirituale della mistica polacca. Ciò permette di abbozzare il suo ritratto spirituale.

Le fonti per conoscere la biografia e la spiritualità di Santa Faustina Kowalska sono «le testimonianze raccolte durante il processo informativo diocesano, pochi documenti e annotazioni conservate negli archivi della *Congregazione delle Suore della Beata Vergine Maria della Misericordia*, ma prima di tutto i suoi "scritti". Essi sono: l'autobiografia, conosciuta come il *Diario*, e le *Lettere*»[7].

Santa Maria Faustina Kowalska, nota in tutto il mondo come apostola della Divina Misericordia, è annoverata dai teologi fra i grandi mistici della Chiesa. Nacque in Polonia il 25 agosto 1905, terza di dieci figli, in una povera devota famiglia di contadini, da Marianna e Stanislao Kowalski del villaggio di Głogowiec (attualmente diocesi di Włocławek). Nel giorno del battesimo, nella chiesa parrocchiale di Świdnice Warckie, ricevette il nome di Elena. Fin dall'infanzia si distinse per la devozione, nell'amore per la preghiera, la laboriosità, l'obbedienza e una grande sensibilità per le miserie umane.

---

[7] L. GRYGIEL, *Misericordia Divina per il mondo intero*, p. 13.

Frequentò le suore per quasi tre anni; a sedici anni dovette lasciare la casa paterna per guadagnarsi da vivere ed aiutare i genitori lavorando come domestica ad Aleksandrów e Łódź. Già dal settimo anno di vita (due anni prima di ricevere la Prima Comunione) sentì viva la chiamata del Signore. Quando più tardi manifestò il desiderio di entrare nella vita religiosa, i suoi genitori non le diedero il permesso. Elena quindi cercò di soffocare in sé la chiamata di Dio, ma incitata dalla visione di Cristo sofferente, dalle parole di rimprovero: «Quando tempo ancora ti dovrò sopportare? Fino a quando mi ingannerai?»[8], iniziò a cercare un istituto religioso. Bussò a numerose porte, ma da nessuna parte venne accolta.

Già a 15 anni aveva chiesto il permesso di entrare in convento, ma i suoi erano stati irremovibili: lei non aveva neanche la dote necessaria, in casa sua c'erano soltanto debiti. Quando, finalmente, poté entrare nella vita religiosa visse tredici anni nella sua Congregazione, soggiornando in diverse case e svolgendo lavori di cuoca, giardiniera e portinaia, sempre con molto zelo e osservando fedelmente la regola religiosa.

Le sue visioni sono diventate un *best-seller* della devozione popolare, ed anche sotto il profilo teologico hanno suscitato non poca sorpresa negli studiosi per la profondità dei relativi scritti, tanto più straordinari in una suora che non aveva neppure terminato le Scuole elementari. Il *Diario*, tradotto oggi in tutto il mondo, è il resoconto fedele della sua esperienza spirituale.

1.2 Il contesto storico della Polonia

Gli anni 1795-1918 per la Polonia rappresentano il tempo della schiavitù. I Polacchi guardavano con fiducia alla Francia rivoluzionaria e poi a Napoleone, vissero incorporati nei confini delle tre potenze; la Russia, la Prussia e poi l'Austria. La parte sottoposta all'Austria, denominata "Galizia", dopo l'iniziale processo di un'intensa germanizzazione e le subdole divisioni della società godrà, dopo 1866, di una certa autonomia, attraverso le Università delle città di Cracovia e Leopoli, centri propulsori della vita culturale della nazione. La parte prussiana, con il nome di "Granducato di Posnania", attraverso le oscillazioni della politica prussiana, contrastata apertamente da una insurrezione armata guidata dal Mierosławski, diventerà, dopo il 1840, teatro della più spietata germanizzazione, accentuatasi sotto Bismarck. I territori più estesi: la Lituania, Volinia, Podolia e Ucraina, rimasero

[8]Cf. F. KOWALSKA, *Diario - la misericordia divina nella mia anima*, LEV, Città del Vaticano 2004, p. 44.

incorporati alla Russia. Il resto costituì il Regno di Polonia (chiamato spesso "Regno del Congresso") con Parlamento ed esercito propri, unito alla corona imperiale russa. La Russia tentò di separare dalla Chiesa cattolica la Chiesa greco-cattolica polacca, ma si trovò di fronte a un'azione risoluta di cui furono animatori i Basiliani. Il governo usò una certa tolleranza nei confronti dei cattolici fino alla prima rivoluzione, poi la situazione peggiorò e divenne tragica.

L'esito della prima guerra mondiale permise alla Polonia di riacquistare la sua indipendenza l'11 novembre 1918. Prima e durante il conflitto si erano battuti a questo scopo note personalità, come Dmowski e Piłsudski. La vita iniziale della Repubblica non fu facile. Tuttavia in poco tempo le più gravi ferite della guerra furono rimarginate. Nel 1921 fu votata la prima Costituzione della nuova Polonia. Il 1924 è l'anno della grande riforma monetaria. Con un colpo di stato Piłsudski prese il potere nel maggio del 1926. La seconda Costituzione fu elaborata nel 1935.

Grande fu anche il fervore della rinascita religiosa: nel 1920 venne fondata una università cattolica a Lublino e nel 1925 fu stipulato il concordato con la Santa Sede.

Lo scoppio della seconda guerra mondiale trovò la Polonia compatta ed unita. Attaccata il primo settembre nel 1939 dalla Germania, colpita alle spalle dall'U.R.S.S., la Polonia cadde. Milioni di cittadini perirono nei campi di concertamento nazisti, altre centinaia di migliaia furono deportati dai Russi. La suprema pagina di gloria fu scritta con la tragica insurrezione di Varsavia nel 1944[9].

1.3 La Chiesa e i problemi del mondo durante la vita di santa Faustina Kowalska

Con il decreto *Lamentabili sane exitu* (03/07/1907) e l'enciclica *Pascendi dominici gregis* (08/09/1907) Pio X condanna una serie di posizione "moderniste," introducendo per tutto il clero *l'obbligo del giuramento antimodernista*. Alla base di questa linea c'è la preoccupazione di tutelare alcune verità fondamentali del Cristianesimo, quali la trascendenza di Dio, la divinità di Cristo, la sua presenza reale nell'Eucaristia.

In politica estera Pio X si trova ad affrontare diverse situazioni: gravi difficoltà conducono all'interruzione dei rapporti tra Santa Sede, Francia e Portogallo. Il 9 dicembre 1905 il parlamento francese approvò la legge di separazione per cui lo

[9]P. PASCHINI - C. TESTORE - A. P. FRAUTAZ, *Enciclopedia cattolica IX*, Casa Editrice G. C. Sansoni, Firenze 1982, p. 1710.

Stato, in pratica, non riconosceva nessun culto e i beni ecclesiali locali furono dati ad *associazioni culturali di Stato*. Nel 1910, con l'inizio della Repubblica in Portogallo si inaugurò un dura posizione verso la Chiesa: fu proibito l'uso di abiti religiosi, chiusi i seminari e confiscati i beni, introdotto il divorzio, condotti in carcere molti sacerdoti.

In Italia alcuni fatti preoccupavano il pontefice: fu tolto il Crocifisso dalle pareti delle scuole; l'azione governativa si disinteressò della tutela della Chiesa per l'evidente linea anticlericale dei ministri e per la guerra contro la Turchia per l'occupazione libica, 1911 - 1912. C'è da sottolineare infine che Pio X, mitigando il *non expedit* di Pio IX, consentirà ai cattolici italiani di partecipare alle elezioni politiche (1909,1913).

L'azione di Pio X[10] si rivela preziosa in ambito pastorale: sostiene l'impegno di quanti si occupano della formazione religiosa di base, con l'approvazione del Catechismo del 1913 e permettendo di ricevere per la prima volta Gesù - Eucaristia in giovanissima età; con l'invito ufficiale rivolto ai fedeli a una Comunione frequente, anche quotidiana; con una nuova edizione del *Martirologio*; la valorizzazione del canto gregoriano; il riordino del *diritto canonico*, affidato ad un'apposita Commissione.

Nel luglio del 1914 scoppia la prima guerra mondiale. Un mese dopo, profondamente addolorato per l'evento bellico, Pio X muore.

Il 3 settembre del 1914 viene eletto papa il card. Giacomo Della Chiesa, che assume il nome di Benedetto XV, come auspicio di divine benedizioni sull'umanità. La sua linea fu chiara: si fece incoronare nella Cappella Sistina, per evitare inopportuni festeggiamenti in un'ora di lutto per tante famiglie; comunicò personalmente al presidente della Repubblica francese la propria elezione alla cattedra di Pietro; cercò di individuare il modo di superare la difficile "questione romana"; soprattutto si impegnò a costruire la pace, anche quando questa pareva impossibile.

Benedetto XV lavorò instancabilmente per la pace durante tutto il conflitto mondiale, con l'azione diplomatica e il generoso impegno a favore di prigionieri e dispersi. La guerra, da lui definita "inutile strage", lasciò sui campi di battaglia 9 milioni di morti.

Il 6 febbraio del 1922 fu eletto papa il card. Achille Ratti, arcivescovo di Milano. Prese il nome di Pio XI. Uomo di notevole cultura, concreto, profondamente

---

[10]San Pio X, eletto papa nel 1903, condannò i limiti e gli errori dei modernisti, determinando una reazione a volte eccessiva nei loro confronti. Papa dolce e mite, guidò la Chiesa agli inizi del secolo XX con grande coraggio: ammette i fanciulli alla Comunione, rinnova l'insegnamento della dottrina cristiana, riforma il calendario liturgico, il Breviario e la musica sacra. Difende la libertà della Chiesa, minacciata dal potere politico (in diversi Paesi). Morì agli inizi della prima guerra mondiale, offrendo la sua vita per la pace: cf. *ibid.*, p. 1756.

ricco di spiritualità, il nuovo pontefice (da arcivescovo aveva inaugurato l'Università del Sacro Cuore, fondata dal francescano padre Agostino Gemelli[11]), il 23 dicembre 1922, con la prima enciclica *Ubi arcano Dei*, espresse la volontà di normalizzare i rapporti Chiesa - Stato italiano.

L'azione di Pio XI fu vasta: sostenne le missioni; protesse le scienze e le arti, rinnovò e fondò le *Università cattoliche*, istituì le facoltà teologiche, giuridiche e storiche, in Italia e all'estero. Inaugurò infine la Stazione Radio Vaticana.

Questa fervente attività dovrà constatare anche l'accendersi di nuovi conflitti: la guerra *italo-etiopica*, la guerra *civile spagnola*, la guerra *cino-giapponese*. Altre ore di lutto si avvicinavano per l'umanità. Il papa muore proprio alla vigilia del secondo conflitto mondiale il 10 febbraio 1939. «Vorrei viver ancora - disse - per vedere come Dio risolverà i problemi del mondo e salverà la sua Chiesa»[12].

1.4 Unione di Santa Faustina con Dio nella sua vita apparentemente ordinaria

Il 1° agosto 1925 Santa Faustina Kowalska entrò nel convento della Congregazione delle Suore della Beata Vergine Maria della Misericordia a Varsavia. Nel suo Diario scisse: «Mi sentivo infinitamente felice; mi pareva di essere entrata nella vita del paradiso. Dal mio cuore erompeva, unica, la preghiera della gratitudine»[13].

Dopo alcune settimane subì tuttavia la forte tentazione di trasferirsi in un'altra congregazione, in cui ci fosse più tempo da dedicare alla preghiera. Allora Gesù, mostrandole il suo volto ferito e sofferente, disse: «Tu mi causerai un simile dolore, se uscirai da questo ordine. È qui che ti ho chiamata e non altrove e ho preparato per te molte grazie»[14].

Nella congregazione riceve il nome di Suor Maria Faustina. Trascorse il tempo del noviziato a Cracovia e lì, alla presenza del vescovo S. Rospond, pronunziò i primi voti e, dopo cinque anni, i voti perpetui: castità, povertà e obbedienza. Lavorò nelle diverse case della congregazione, più a lungo a Cracovia, Płock e Wilno (oggi Vilnius - la capitale della Lituania), svolgendo i compiti di cuoca, giardiniera e portinaia. Nulla all'esterno tradiva la sua vita mistica così eccezionalmente ricca. Svolgeva i

---

[11]Agostino Gemelli (1878-1959), psicologo, si dedicò a ricerche biologiche. Convertitosi al cattolicesimo, divenne religioso francescano. Fondò nel 1919 l'*Università del Sacro Cuore* di Milano, di cui fu rettore; promosse studi di psicologia appilcata, contribuendo a diffondere questa disciplina in un ambiente idealista che la avversava: cf. *ibid.*, p. 1780.

[12]Cf. A. M. ERBA - P. GUIDICCI, *La Chiesa nella storia - duemila anni di cristianesimo*, Elledici, Torino 2003, pp. 596-598.

[13]F. KOWALSKA, *Diario - la misericordia divina nella mia anima*, p. 48.

[14]Cf. *ibid.*, p. 50.

suoi compiti con ardore, osservava con fedeltà tutte le regole della vita religiosa, viveva in raccoglimento e silenzio, e nello stesso tempo era spontanea, serena, piena di cordiale e disinteressata carità verso gli altri.

La sua vita, apparentemente ordinaria, monotona e grigia, nascondeva in sè una profonda e straordinaria unione con Dio. Tutta la sua vita era concentrata nel tendere ad una unione sempre con Gesù nell'opera della salvezza delle anime[15]. «Gesù mio - ha confessato nel Diario - Tu sai che fin da primissimi anni ho desiderato amarti con un amore tanto grande, quale finora nessuna anima ha avuto verso di Te»[16].

A Wilno le si scoprì la tubercolosi, che gradualmente invase poi tutti i suoi organi, causandole grandi sofferenze e infine la morte. Durante la malattia suor Faustina fu ricoverata negli ospedali di Prądnik Czerwony a Cracovia. Passò inoltre molto tempo nell'infermeria del convento. Appena si sentiva un po' meglio riprendeva i suoi compiti, combattendo la malattia e la sofferenza con una grande forza di volontà e con un grande amore per Gesù. Suor Faustina morì nel convento di Cracovia a Łagiewniki il 5 ottobre del 1938 all'età di appena 33 anni, distrutta dalla malattia e da varie sofferenze che sopportava volentieri come sacrificio per i peccatori, nella pienezza della maturità spirituale e misticamente unita a Dio. Sul letto di morte aveva detto: «Io sento chiaramente che la mia missione non finisce con la morte, ma comincia (...)»[17]. Fu sepolta nel cimitero del convento.

1.5 Suor Maria Faustina Kowalska apostola della Divina Misericordia

La fama della santità della sua vita crebbe insieme alla diffusione del culto alla Divina Misericordia, sulla scia delle grazie ottenute tramite la sua intercessione.

Negli anni 1963-67 si svolse a Cracovia il processo informativo relativo alla sua vita e alle sue virtù e nel 1968 iniziò a Roma il processo di beatificazione, che si concluse nel dicembre del 1992. La causa fu promossa dall'allora Vescovo Ausiliare di Cracovia Karol Wojtyła, che, negli anni '40, da giovane operaio e seminarista clandestino, si fermava a pregare sovente, andando al lavoro nella fabbrica Solvay, nel Monastero, oggi Santuario della Divina Misericordia, di Łagiewniki. Fu proprio lui, salito al soglio pontificio col nome di Giovanni Paolo II, a scrivere un'enciclica, *Dives in Misericordia*, la seconda del suo pontificato (1980), interamente dedicata alla misericordia divina. L'influsso dell'umile suora polacca è evidente. Ed è stato

---

[15]Cf. *ibid.*, pp. 596-598.
[16]F. KOWALSKA, *Diario - la misericordia divina nella mia anima*, p. 725.
[17]ID, *Lettere di santa Faustina Kowalska*, LEV, Città del Vaticano 2006, p 9.

sempre Giovanni Paolo II che l'ha proclamata Beata, il 18 aprile 1993. In occasione della Beatificazione, il Papa ha stabilito che la Festa della Divina Misericordia sia celebrata ogni anno nella prima domenica dopo Pasqua, conformemente a quanto scritto dall'Apostola della Divina Misericordia nel suo *Diario*[18].

Il 30 aprile 2000, anno del Grande Giubileo, davanti a una folla di oltre duecentomila pellegrini convenuti a piazza San Pietro, il Papa ha stabilito che la Festa della Divina Misericordia sia celebrata ogni anno nella prima domenica dopo Pasqua. In questa storica seconda Domenica di Pasqua, papa Giovanni Paolo II canonizzò la prima santa del giubileo, la piccola Faustina Kowalska e definì la Domenica della Divina Misericordia, poi debitamente e autorevolmente confermata *universaliter et in perpetuo* dalle più alte e competenti Congregazioni della Santa Sede. Le reliquie di Suor Faustina attualmente sono sparse nel mondo in varie chiese. La tomba con i pochi resti corporali sono conservati nella cappella della casa religiosa a Cracovia dove la santa si recava a pregare[19].

Il Sommo Pontefice Giovanni Paolo II, pertanto, animato da ardente desiderio di favorire al massimo nel po polo cristiano e i sensi di pietà verso la Divina Misericordia, a motivo dei ricchissimi frutti spirituali che da ciò si possono sperare, nell'Udienza concessa il giorno 13 giugno 2002 ai Responsabili della Penitenziaria Apostolica, si è degnato di elargire le Indulgenze[20].

Con la canonizzazione di Suor Faustina, la prima del 2000, Giovanni Paolo II ha inserito la Divina Misericordia nel cuore delle celebrazioni del Grande Giubileo, alla vigilia del terzo millennio: «Al termine del XX secolo, il mondo sembra più che mai aver bisogno di tale messaggio. Portatelo nei tempi nuovi come germoglio di speranza e pegno di salvezza (Giovanni Paolo II a Cracovia, 15 giugno 1999)»[21].

Giovanni Paolo II ha affidato il mondo alla Divina Misericordia e lo ha fatto nel corso dell'omelia, pronunciata durante una celebrazione eucaristica, per la dedicazione di una nuova chiesa, che sorge accanto al convento della Congregazione delle Suore della Beata Vergine Maria della Misericordia, nei pressi di Cracovia, dove è sepolta Suor Faustina Kowalska, la Santa Apostola della Divina Misericordia. «In questo Santuario voglio solennemente affidare - ha detto il quell'occasione il Papa - il mondo alla Divina Misericordia. Lo faccio con il desiderio ardente che il messaggio dell'amore misericordioso di Dio, qui proclamato mediante santa Faustina, giunga a tutti gli abitanti della terra e ne riempia i cuori di speranza. Tale messaggio si diffonda da questo luogo nell'intera nostra amata Patria e nel mondo»[22].

---

[18]Cf. R. TISSOT, *La Divina Misericordia sui nostri passi*, Alcione, Lavis (TN) 2003, pp. 24-25.

[19]K. WOJTYŁA, *Metafisica della persona - tutte le opere filosofiche e saggi integrativi*, a cura di G. REALE - T. STYCZEŃ, Bompiani, Milano 2003, p. 1559.

[20]Cf. E. MENGHINI, *Dives in Misericordia*, Alcione, Lavis (TN), Anno VII (3) 2008, p. 2.

[21]*Ibidem.*

[22]GIOVANNI PAOLO II, *Insegnamenti di Giovanni Paolo II*, IV-1999, LEV, Città Del Vaticano 2000, p. 146.

Suor Maria Faustina Kowalska, meglio conosciuta come l'apostola della Divina Misericordia, appartiene a quel gruppo di santi della Chiesa cattolica che sono più conosciuti e venerati. Attraverso di Lei il Signore manda al mondo il grande messaggio della Misericordia Divina e mostra un esempio di perfezione cristiana, basata sulla fiducia in Dio e sull'atteggiamento misericordioso verso il prossimo.

Suor Faustina fu una figlia fedele della Chiesa, che essa amava come Madre e come Corpo Mistico di Gesù Cristo. Consapevole del suo ruolo nella Chiesa, collaborava con la misericordia divina nell'opera della salvezza delle anime. Rispondendo al desiderio e all'esempio di Gesù offrì la sua vita in sacrificio. La sua vita spirituale si caratterizzava inoltre nell'amore per l'Eucaristia e nella profonda devozione alla Madre di Dio, Madre della Misericordia.

L'eucaristia è la realizzazione visibile stupefacente del principio - Amore. Per Gesù, l'infinita compassione di Dio, quale miracolo, non può attendere. Cristo, che è divenuto solo ed elusivamente Amore puro, si è spezzato per noi e ha versato il sangue, fino all'ultima goccia. In altri termini, siamo invitati ad assumere come criterio decisivo di scelta il principio – Amore che si rivela nell'Eucaristia come fece santa Faustina[23].

Il sangue di Cristo è divenuto veramente sangue di alleanza eterna, segno e strumento cioè dell'unione più totale di Cristo con noi allo stesso tempo della comunione più perfetta, in lui, dell'uomo con Dio[24].

Gli anni della sua vita religiosa abbondarono di grazie straordinarie: le rivelazioni, le visioni, le stigmate nascoste, la partecipazione alla passione del Signore, il dono dell'ubiquità, il dono di leggere nelle anime, il dono della profezia e il raro dono del fidanzamento e dello sposalizio mistico. Il contatto vivo con Dio, con la Madonna, con gli angeli, con i santi, con le anime del purgatorio, con tutto il mondo soprannaturale fu per lei non meno reale e concreto di quello che sperimentava con i sensi. Malgrado il dono di tante grazie straordinarie era consapevole che non sono esse a costituire l'essenza della santità. Scriveva nel Diario: «Né le grazie, né le rivelazioni, né le estasi, né alcun altro dono ad essa elargito la rendono perfetta, ma l'unione intima della mia anima con Dio. I doni sono soltanto un ornamento dell'anima, ma non ne costituiscono la sostanza né la perfezione. La mia santità e perfezione consiste in una stretta unione della mia volontà con la volontà di Dio»[25].

La sola vera perfezione è quella dell'amore. In questa via vi è più amore vero per Dio. Suor Faustina diceva: «Quando non so che fare, interrogo l'amore, è lui che mi consiglia per il meglio. Il Signore ci chiama alla perfezione: Siate perfetti come il

[23]Cf. F. NARDINI, *Eucaristia mistero d'Amore*, Tecnostampa, Loreto 2004, pp. 134-137.
[24]Cf. T. VEGLIANTI, *Dizionario Teologico sul Sangue di Cristo*, LEV, Città del Vaticano 2007, p. 1182.
[25]F. KOWALSKA, *Diario*, p. 613.

vostro Padre del cielo è perfetto!»[26]. Il Signore aveva scelto Suor Faustina come apostola della Sua misericordia per trasmettere, mediante lei, un grande messaggio al mondo. «Nell'Antico Testamento mandai al Mio popolo i profeti con i fulmini. Oggi mando te a tutta l'umanità con la Mia misericordia. Non voglio punire l'umanità sofferente, ma desidero guarirla e stringerla al Mio Cuore misericordioso»[27].

L'uomo contemporaneo crede più ai testimoni che ai maestri, più all'esperienza che alla dottrina, più alla vita e ai fatti che alle teorie. La testimonianza della vita cristiana è la prima e insostituibile forma della missione. Cristo, di cui noi continuiamo la missione, è il testimone per eccellenza e il modello della testimonianza cristiana. Lo Spirito Santo accompagna il cammino della Chiesa e l'associa alla testimonianza che rende a Cristo[28].

[26]Cf. J. PHILIPPE, *La pace del cuore*, Poligrafico Dehoniano, Andria (Ba) 2006, p. 55.
[27]F. KOWALSKA, *Diario*, pp. 827-828.
[28]Cf. GIOVANNI PAOLO II, *Pensieri sparsi – coraggiosi nella verità generosi nell'amore*, Neri Pozza Editore, Vicenza 2002, p. 12.

Capitolo II

Temi principali di mistica di santa Faustina Kowalska: spiritualità e missione

2.1 Il Diario di santa Faustina Kowalska

Il *Diario* è frutto della collaborazione della mistica[29] con la Grazia divina. Suor Faustina, consapevole dell'aiuto da parte di Cristo, con umiltà ed obbedienza aveva accettato la "richiesta" di scrivere di Dio, della sua bontà e della sua misericordia. Grazie alle numerose ispirazioni Suor Faustina aveva intuito l'importanza apostolica nello scrivere il Diario secondo l'ordine di Gesù. Infatti il Signore le aveva detto: «Il tuo compito è quello di scrivere tutto ciò che ti faccio conoscere sulla mia Misericordia, per il bene delle anime che, leggendo questi scritti, proveranno un conforto interiore e saranno incoraggiate ad avvicinarsi a Me»[30].

La meditazione degli scritti di Suor Faustina suscita nell'uomo un profondo desiderio di Dio, soprattutto il desiderio di conoscere la sua infinita Misericordia e quello di gettare nel suo abisso la propria miseria e debolezza[31].

Il Diario è composto di sei quaderni ad alcuni dei quali l'autrice diede dei titoli significativi: I. *La Misericordia divina nella mia anima*, II. *Canterò in eterno la Misericordia del Signore*, III. *Canterò la Misericordia del Signore, La mia preparazione alla santa Comunione.* L'origine del Diario è dovuta al confessore, Beato Michele Sopoćko[32]- il promotore e divulgatore delle visioni di santa Faustina,

[29]Per "mistica" intendiamo un'esperienza speciale e profonda di conoscenza e di unione con la realtà divina, liberamente concessa da Dio. Le esperienze mistiche, che possono essere accompagnate da estasi, visioni e altri fenomeni del genere, sono di solito precedute da una pratica seria di contemplazione e di ascesi. La mistica si riscontra in tutte le grandi religioni del mondo, ma nell'esperienza cristiana ha una qualità altamente personale e accentua anziché sopprimere il senso di distinzione tra il mistico e Dio. La mistica genuina produce sempre un amore più generoso verso gli altri, e sembra trovarsi frequentemente tra i cristiani che si dedicano alla preghiera e che sono sensibili alla presenza di Dio nella loro vita.

[30]F. KOWALSKA, *Diario*, p. 880.

[31]*Ibid.*, p 3.

[32]Don dott. Michele Sopoćko nacque a Nowosady, nella circoscrizione di Vilna. Negli anni 1910-1914 studiò teologia all'Università di Vilna, poi a Varsavia, dove frequentò l'Istituto Pedagogico Superiore. Dopo aver conseguito il dottorato in teologia morale nel 1926, divenne padre spirituale nel seminario di Vilna. Fece la sua abilitazione nel 1934. Lavorò come professore di teologia pastorale alla Facoltà di Teologia dell'Università Stefano Bathory a Vilna e nel Seminario di Białystok (1928-1962). Negli anni 1918-1932 fu cappellano militare dell'Esercito Polacco a Varsavia e a Vilna. Don Michele Sopoćko nelle sue opere scientifiche pubblicate pose le basi teologiche per le nuove forme di culto della Divina Misericordia, che egli stesso divulgò assiduamente. Era impegnato anche in attività sociali.

sacerdote dell'Arcidiocesi di Vilnius (a quel tempo in Polonia, attualmente in Lituania), vissuto negli anni 1888-1975[33], il quale ordinò alla sua penitente di prendere nota di tutto ciò che voleva dire in confessione e che egli non poteva ascoltare per mancanza di tempo e per il timore di destare l'eccessivo interesse da parte delle altre religiose. Leggeva con regolarità soltanto gli appunti riguardanti il periodo del soggiorno di Faustina a Wilno (1933-1936), dopo però, raccomandò a lei di continuare e ne prendeva parziale conoscenza durante le sue brevi visite a Cracovia. Più si convinceva riguardo alla fonte soprannaturale delle esperienze della suora, più insisteva, anzi, addirittura ordinava con severità, di annotarle con precisione. Sino alla fine don Sopoćko ricordava a Faustina l'adempimento di tale ordine, e spesso le impartiva dei consigli preziosi e concreti[34].

È stato lui ad accettare, con tutto rispetto, ciò che suor Faustina diceva delle sue rivelazioni; le aveva ordinato di scriverle, e dopo, per tutta la vita, cercò di ottenere la loro approvazione ufficiale da parte della Chiesa. Diviene pure il principale propagatore del culto della Divina Misericordia in Polonia[35].

Il *Diario* di santa Faustina è un tesoro prezioso che il Signore concede alla Chiesa e all'umanità intera. Contiene infatti la verità sull'infinita Misericordia di Dio, messaggio che la Chiesa - ricorda Giovanni Paolo II nella *Dives in Misericordia* - ha il dovere in ogni tappa della storia di proclamare e di introdurre nella vita. Di questo messaggio - sull'amore misericordioso di Dio - infatti ha bisogno il mondo intero.

Il Concilio Vaticano II, parlando ripetutamente della necessità di rendere il mondo più umano, individua la missione della Chiesa nel mondo contemporaneo nella realizzazione di tale compito. Il mondo degli uomini può diventare sempre più umano solo se introdurremo nel multiforme ambito dei rapporti interumani e sociali, insieme alla giustizia, "quell'amore misericordioso" che costituisce il messaggio messianico del Vangelo.

Il mondo degli uomini potrà diventare "sempre più umano", solo quando in tutti i rapporti reciproci, che plasmano il suo volto morale, introdurremo il momento del perdono, cosi essenziale per il Vangelo. Il perdono attesta che nel mondo è presente l'amore più potente del peccato. Il perdono è, inoltre, la fondamentale

---

Era confessore di comunità religiose e laiche. Scrisse lettere di formazione per la prima comunità di suore e successivamente stese le costituzioni per la nuova congregazione, fondata in base alle riflessioni e proposte di suor Faustina. Compose preghiere alla Misericordia Divina basandosi sui suoi testi. Dopo la morte di suor Faustina, con la quale mantenne i contatti fino alla fine della sua vita, realizzò con fedeltà la missione. Nel *Diario* di santa Faustina è rimasta viva la testimonianza che rivela la bellezza della personalità e la ricchezza interiore di questo santo sacerdote. Il 28.09.2008 a Białystok in Polonia, la Chiesa ha proclamato Beato don Michele Sopoćko, padre spirituale di santa Faustina Kowalska: cf. H. CIERESZKO, *Il cammino di santità di Don Michele Sopoćko*, LEV, Città del Vaticano 2008, pp. 3-9.

[33]E. OZOROWSKI - Z. JARZĄBEK- E. BOBOWSKA, *I dialoghi sulla Misericordia Divina*; Traduzione T. GOLECKI, Ed. Wybór, Białystok (Polonia) 2007, p. 29.

[34]Cf. L. GRYGIEL, *Misericordia Divina per il mondo intero*, p. 14.

[35]Cf. E. OZOROWSKI - Z. JARZĄBEK - E. BOBOWSKA, *I dialoghi sulla Misericordia Divina*, p. 29.

condizione della riconciliazione, non soltanto nel rapporto di Dio con l'uomo, ma anche nelle reciproche relazioni tra gli uomini. Un mondo da cui si eliminasse il perdono sarebbe soltanto un mondo di giustizia fredda e irrispettosa, nel nome della quale ognuno rivendicherebbe i propri diritti nei confronti dell'altro; così gli egoismi di vario genere sonnecchianti nell'uomo potrebbero trasformare la vita e la convivenza umana in un sistema di oppressione dei più deboli da parte dei più forti, oppure in un'arena di permanente lotta degli uni contro gli altri[36].
Difatti, «dove se non nella Divina Misericordia il mondo può trovare lo scampo e la luce della speranza? I credenti lo intuiscono perfettamente» (Giovanni Paolo II, 18 aprile 1993)[37]. Santa Faustina, attraverso il messaggio della Divina Misericordia e la sua straordinaria esperienza mistica desiderava venire incontro agli uomini, in particolare a quelli colpiti da molteplici mali, sofferenze fisiche e spirituali ed indicare loro il cammino della speranza: «L'umanità non troverà pace finché non si rivolgerà con fiducia alla Mia Misericordia»[38], le aveva detto Gesù.

La misericordia - come l'ha presentata Cristo nella parabola del figliol prodigo - ha la forma interiore dell'amore che nel Nuovo Testamento è chiamato "agápe". Tale amore è capace di chinarsi su ogni figlio prodigo, su ogni miseria umana e, soprattutto, su ogni miseria morale, cioè sul peccato. Quando ciò avviene, colui che è oggetto della misericordia non si sente umiliato, ma come ritrovato e "rivalutato". Il padre gli manifesta innanzitutto la gioia che sia stato "ritrovato" e che sia "tornato in vita". Tale gioia indica un bene inviolato: un figlio, anche se prodigo, non cessa di esser figlio reale di suo padre; essa indica inoltre un bene ritrovato, che, nel caso del figliol prodigo, fu il ritorno alla verità su se stesso[39]. Il *Diario* di santa Faustina è un mezzo efficacissimo per giungere alla piena consapevolezza di questa verità[40].

L'unione vuol dire pace. La "pace romana" si concepiva come "tranquillità dell'ordine," sistema armonioso delle leggi giuste. Invece il *shalom* ebraico considera pace il momento in cui le persone libere si mettono d'accordo per una cosa utile per tutti, come fece santa Faustina. Ciò non si può stabilire a priori, bisogna osservare i segni dei tempi.

Scrivi ciò: «prima di venire come giusto giudice, vengo prima come Re di Misericordia. Prima della venuta del Giorno della Giustizia, ci sarà un segno nel Cielo dato agli uomini. Ogni luce sarà spenta nel Cielo e sulla terra. Allora apparirà dal Cielo il Segno della Croce. Da ciascuna delle piaghe delle mie mani e dei miei piedi, usciranno delle luci che rischiareranno la terra per un istante (...). L'umanità

[36]Cf. GIOVANNI PAOLO II, *Dives in misericordia*, LEV, Città Del Vaticano 1980, pp. 70-71.
[37]ID., *Pensieri sparsi - Coraggiosi nella verità generosi nell'amore*, Neri Pozza Editore, Vicenza 2002, p. 12.
[38]F. KOWALSKA, *Diario*, p. 235.
[39]GIOVANNI PAOLO II, *Dives in misericordia*, pp. 32-33.
[40]F. KOWALSKA, *Diario*, p. 4.

non troverà la pace fino a quando essa non conoscerà il Mio Messaggio e non lo metterà in pratica»[41].

La pace significa tranquillità nell'ordine, opera della giustizia e frutto della carità, non è solo assenza di guerra, ma pratica della fraternità umana. La pace non può ridursi ad assicurare l'equilibrio delle forze contrastanti, non si può ottenere sulla terra senza la tutela dei beni e della dignità di popoli e persone, la libera comunicazione tra gli esseri umani. Dunque, secondo sant'Agostino, l'assidua pratica della fratellanza e la «tranquillità dell'ordine» (s. Agostino, *de civ. Dei*, 19, 13) sono frutto della giustizia (cf. *Is* 32,17) ed effetto della carità (cf. *GS* 78).

Come cristiani che seguono colui che è la nostra pace e dichiara "beati" coloro che la costruiscono, bisogna essere riconciliati con tutti gli uomini, a imitazione di Lui, che, attraverso la croce, ha distrutto in se stesso l'inimicizia.

La pace terrena è immagine e frutto della pace di Cristo, il «Principe della pace» (*Is* 9,5) messianica. Con il sangue della sua croce, egli ha distrutto «in se stesso l'inimicizia» (*Ef* 2,16; cf. Col 1,20-22), ha riconciliato gli uomini con Dio e ha fatto della sua Chiesa il sacramento dell'unità del genere umano e della sua unione con Dio. «Egli è la nostra pace» (*Ef* 2,14) e proclama «Beati gli operatori di pace» (*Mt* 5,9)[42].

Nel suo "Diario" Suor Faustina molte volte ricordava don Michele Sopoćko, sempre con un grande rispetto e gratitudine. Scrive fra l'altro: «Pregavo con ardore affinché Dio mi desse questa grande grazia, cioè il direttore spirituale, però l'ho ricevuta soltanto dopo la professione perpetua, quando arrivai a Vilnius. Ecco Don Sopoćko. Dio mi permise di conoscerlo interiormente, prima di venire a Vilnius (...). Prima di venire a Vilnius, già lo conoscevo, grazie alla visione interiore. Un giorno lo vidi nella nostra cappella tra l'altare e il confessionale. All'improvviso sentii una voce nell'anima: Ecco l'aiuto visibile per te sulla terra. Egli ti aiuterà a compiere la Mia volontà sulla terra»[43].

Lungo i secoli alcune rivelazioni chiamate "private", sono state riconosciute dall'autorità della Chiesa, ma esse tuttavia non appartengono al deposito della fede. Il loro ruolo non è quello di "migliorare" o di "completare" la rivelazione definitiva di Cristo, ma di aiutare a viverla più pienamente in una determinata epoca storica. Guidato dal Magistero della Chiesa, il senso dei fedeli sa discernere e accogliere ciò che in queste rivelazioni costituisce un appello autentico di Cristo e dei suoi santi alla Chiesa.

---

[41]*Ibid.*, p. 101.

[42]Cf. *Catechismo Della Chiesa Cattolica*, LEV, Città del Vaticano 1992, pp. 555-556.

[43]F. KOWALSKA, *Diario*, pp. 65-66.

Le "rivelazioni private" ricevute da Suor Faustina possono aiutare di certo a vivere più pienamente la rivelazione di Cristo "in una determinata epoca storica"[44].

Nel nostro caso, la destinataria delle rivelazioni private era santa Faustina, ma il beato Michele Sopoćko, come confessore e direttore spirituale, aiutava s. Faustina a trovare chiarezza, anche nelle difficili circostanze che accompagnavano le rivelazioni. È stato lui, per primo, a confermare in modo autorevole la veridicità di esse e in seguito a spiegarle, elaborandole teologicamente e diffondendole nei vari ambienti ecclesiastici. Sopoćko ha dovuto subire pure una vicenda dolorosa, quando nel 1958 la Santa Sede gli aveva proibito di diffondere le rivelazioni di suor Faustina. Lui, però, non si scoraggiò e continuò, con le parole e con le opere, ad annunciare la verità della Misericordia Divina[45].

2.2 La Spiritualità di Faustina e l'Amore misericordioso di Dio

Alla base della spiritualità di suor Faustina si trova il mistero della misericordia Divina, che ella meditava nella parola di Dio e contemplava nella quotidianità della sua vita. La conoscenza e la contemplazione del mistero della misericordia di Dio, infatti, sviluppavano in lei un atteggiamento di fiducia filiale in Dio e di misericordia verso il prossimo. Scriveva: «O mio Gesù, ognuno dei Tuoi santi rispecchia in sè una delle Tue virtù; io desidero rispecchiare il Tuo Cuore compassionevole e pieno di misericordia, voglio glorificarlo. La Tua misericordia, o Gesù, sia impressa sul mio cuore e sulla mia anima come un sigillo e ciò sarà il mio segno distintivo in questa e nell'altra vita»[46].

Il 22 febbraio 1931, mentre stava nella sua cella, Suor Faustina ebbe una visione di Gesù vestito di bianco, che teneva una mano alzata per benedire, e l'altra sul petto, da cui uscivano due grandi raggi, uno rosso e l'altro bianco[47]. «La sera, stando nella mia cameretta, vidi il Signore Gesù vestito di una veste bianca: una mano alzata per benedire, mentre l'altra toccava sul petto la veste che, ivi leggermente scostata, lasciava uscire due grandi raggi, rosso l'uno e l'altro pallido. Dopo un istante, Gesù mi disse: Dipingi un'immagine secondo il modello che vedi,

---

[44]Cf. G. CIONCHINO - R. TISOT - S. TONGETTI, *Gesù confido in Te - Periodico per la coscienza e la contemplazione della Divina Misericordia*, Bimestrale N. 3 - Giugno - Luglio, ed. Shalom, Camerata Piacenza (AN) 2008, p. 19.

[45]Cf. ID., *Gesù confido in Te*, p. 30.

[46]F. KOWALSKA, *Diario*, pp. 669-670.

[47]Cf. R. TISOT, *Il culto della Divina Misericordia*, A.D.I.M, Trento 2000, pp. 12-14.

con sotto scritto: Gesù, confido in Te! Desidero che questa immagine venga venerata prima nella vostra cappella, e poi nel mondo intero»[48].

Grazie all'interessamento del beato Michele Sopoćko, l'opera venne realizzata, dopo appena tre anni dalla visione, da un artista di Vilnius, il maestro Eugenio Kazimirowski, e fu esposta per la prima volta alla venerazione dei fedeli a Vilnius, nell'aprile del 1935, in occasione della chiusura del Giubileo della Redenzione. L'immagine contiene un preciso significato teologico e uno specifico valore simbolico[49]. «Una volta che il confessore mi ordinò di chiedere a Gesù che cosa significano i due raggi, risposi: Va bene, lo domanderò al Signore. Mentre pregavo, udii interiormente queste parole: I due raggi rappresentano il Sangue e l'Acqua. Il raggio pallido rappresenta l'Acqua che giustifica le anime; il raggio rosso rappresenta il Sangue che è la vita delle anime. Entrambi i raggi uscirono dall'intimo della mia misericordia, quando sulla croce il mio cuore venne squarciato con la lancia. Tali raggi riparano le anime dallo sdegno del Padre mio. Beato colui che vivrà alla loro ombra, poiché non lo colpirà la giusta mano di Dio»[50].

L'immagine, dunque, rappresenta il Cristo risorto con i segni della crocifissione nelle mani e nei piedi, mentre è nell'atto di benedire o assolvere. I due raggi luminosi che scaturiscono dal suo Cuore trafitto, non visibili nel quadro, raffigurano i sacramenti della Chiesa: il Battesimo e la Penitenza da una parte; e l'Eucaristia dall'altra. La Divina Misericordia, manifestata in pienezza sulla croce, continua ad operare per la salvezza dell'uomo attraverso l'azione sacramentale della Chiesa. Da qui scaturisce il significato delle promesse legate alla venerazione praticata verso questa immagine: grandi progressi sulla via della perfezione cristiana, la grazia della morte santa e della salvezza eterna, nonché tutte le altre grazie e i benefici terreni richiesti con fiducia dagli uomini[51].

«Porgo agli uomini il recipiente col quale debbono venire ad attingere le grazie alla sorgente della misericordia. Il recipiente è questa immagine con la scritta: Gesù, confido in Te![52] Prometto che l'anima che venererà questa immagine non perirà. Prometto pure già su questa terra, ma in particolare nell'ora della morte, la vittoria sui nemici. Io stesso la difenderò[53]. Attraverso questa immagine concederò molte grazie alle anime; perciò ogni anima deve poter accedere ad essa»[54].

Durante la prima esposizione del quadro, Suor Faustina, assistendo alla celebrazione, poté constatare la veridicità di queste promesse: «Nel corso delle

---

[48]F. KOWALSKA, *Diario*, pp. 74-75.
[49]T. K. SZAŁKOWSKA, *Tajemnica Miłosierdzia*, Ed. Oficyna Wydawniczno - Polograficzna Adam, Warszawa (Polonia) 2005, p. 162 (La traduzione dal polacco è mia: titolo *Il Mistero della Misericordia*).
[50]F. KOWALSKA, *Diario*, pp. 234-235.
[51]M. E. SIEPAK, *Gesù, confido in Te! - Adorare e implorale la Misericordia di Dio*, pp. 14-17.
[52]F. KOWALSKA, *Diario*, p. 248.
[53]*Ibid.*, p. 75.
[54]*Ibid.*, p. 379.

solennità durante le quali venne esposta l'immagine, sono stata presente alla predica tenuta dal mio confessore. Essa trattava della misericordia di Dio (...). Quando cominciò a parlare, l'immagine prese un aspetto vivo e i raggi penetrarono nei cuori della gente riunita; però non in uguale misura: alcuni ricevettero di più, altri di meno. Vedendo la grazia di Dio, la mia anima fu inondata da una grande gioia»[55].

Il quadro, dunque, è un richiamo visibile del mistero di quell'Amore Misericordioso che non viene mai meno, neppure davanti ai più grandi crimini, e che insegue tenacemente i singoli e l'intera umanità: «Scrivi - Io sono tre volte santo e ho orrore del più piccolo peccato. Non posso amare un'anima macchiata dal peccato; ma se questa si pente, la mia generosità non ha limiti verso di lei: la mia misericordia l'abbraccia e la perdona. Con la mia misericordia inseguo i peccatori su tutte le loro strade e il mio cuore gioisce quando ritornano a me. Dimentico le amarezze con le quali mi hanno abbeverato e sono lieto per il loro ritorno. Di' ai peccatori che nessuno sfuggirà dalle mie mani: se fuggono davanti al mio cuore misericordioso, cadranno nelle mani della mia giustizia. Di' ai peccatori che li attendo sempre. Scrivi che parlo loro con i rimorsi della coscienza, con gli insuccessi e le sofferenze, con le tempeste e i fulmini; e parlo loro con la voce della Chiesa. Ma se rendono vane tutte le mie grazie, comincio ad adirarmi, abbandonandoli a se stessi»[56]. Scrivi che sono più generoso con i peccatori che con i giusti. Per loro infatti sono sceso in terra, e per loro ho versato il mio sangue. Non abbiano timore di avvicinarsi a me, perché sono essi che hanno maggiormente bisogno della mia misericordia (…). Non c'è miseria che possa misurarsi con la mia misericordia; né la miseria la esaurisce, poiché nel momento stesso che si dona, essa aumenta[57]. Scrivi che quanto più grande è la miseria, tanto maggiore è il diritto che (il peccatore) ha alla mia misericordia (…). Esorta tutte le anime alla fiducia (…), poiché desidero salvarle tutte[58].

Le rivelazioni relative al quadro sono strettamente connesse con un'altra richiesta fatta dal Signore a Suor Faustina, a partire dalla medesima apparizione del 22 febbraio 1931, una richiesta che attribuisce a questa mistica un'importanza davvero particolare: l'istituzione di una nuova festa liturgica, da celebrarsi in tutta la Chiesa, la domenica *in albis*: «Le anime periscono nonostante la mia dolorosa passione. Se non adoreranno la mia misericordia, periranno per sempre[59]. Per questo dono all'umanità l'ultima tavola di salvezza, cioè il rifugio nella mia misericordia (…). Desidero che alla mia misericordia venga reso culto[60]. Io desidero che vi sia una festa della misericordia: voglio che l'immagine, che dipingerai col pennello, venga

[55]*Ibid.*, p. 297.
[56]*Ibid.*, pp. 895-896.
[57]*Ibid.*, p. 684.
[58]*Ibid.*, p. 640.
[59]*Ibid.*, p. 561.
[60]F. KOWALSKA, *Diario*, p. 573.

solennemente benedetta nella prima domenica dopo Pasqua; questa domenica deve essere la festa della misericordia. Desidero che (in quel giorno) i sacerdoti annuncino la mia grande misericordia per le anime dei peccatori. Il peccatore non deve aver paura di avvicinarsi a me[61]. Questa festa è uscita dalle viscere della mia misericordia ed è confermata nell'abisso delle mie grazie»[62].

Il fondamento teologico di questa festa liturgica va ricercato nello stesso brano evangelico che viene proclamato la domenica successiva alla Pasqua (cf. *Gv* 20,19-30): Gesù risorto appare agli apostoli nel cenacolo con i segni della passione; dona loro la pace; concede loro la facoltà di rimettere i peccati nella forza dello Spirito e riconduce alla docilità della fede l'incredulo Tommaso[63].

Dunque: l'opera della redenzione si estende nello spazio e nel tempo attraverso il ministero apostolico della riconciliazione; riconquista anche i più lontani e i più ostinati. L'importanza di questa festa si misura con le promesse davvero straordinarie che il Signore ha voluto legare ad essa; in particolare, la concessione di una vera e propria indulgenza plenaria, alle debite condizioni: «Desidero che la festa della misericordia sia di riparo e di rifugio per tutte le anime, specialmente per i poveri peccatori. In quel giorno, riverserò tutto un mare di grazie sulle anime che si avvicinano alla sorgente della mia misericordia. L'anima che si accosta alla Confessione e alla santa Comunione, riceverà il perdono totale delle colpe e delle pene. In quel giorno sono aperti tutti i canali attraverso i quali scorrono le grazie divine: nessuna anima abbia paura di accostarsi a me, anche se i suoi peccati fossero come scarlatto. L'umanità non troverà pace finché non si rivolgerà alla sorgente della mia misericordia[64]. In quel giorno, chi si accosterà alla sorgente della vita, conseguirà la remissione totale delle colpe e delle pene»[65].

È utile, in questo contesto, tenere presenti anche altri testi del Diario relativi al valore del Sacramento della Riconciliazione e della Comunione Eucaristica, secondo l'esperienza del tutto privilegiata di Suor Faustina: «Oggi il Signore mi ha detto - Quando ti accosti alla santa confessione, a questa sorgente della mia misericordia, scendono sempre sulla tua anima il Sangue e l'Acqua che uscirono dal mio Cuore, e la nobilitano. Ogni volta che vai alla santa Confessione immergiti tutta nella mia misericordia con grande fiducia, in modo che io possa versare sulla tua anima l'abbondanza delle mie grazie. Quando vai alla Confessione, sappi che io stesso ti aspetto in confessionale; mi copro dietro il sacerdote, ma sono io che opero nell'anima. Lì la miseria dell'anima s'incontra col Dio della misericordia. Di' alle

[61] *Ibid.*, pp. 75-76.
[62] *Ibid.*, p. 299.
[63] T. K. SZAŁKOWSKA, *Tajemnica Miłosierdzia*, pp. 163-165.
[64] F. KOWALSKA, *Diario*, p. 235.
[65] *Ibid.*, p. 441.

anime che da questa sorgente possono attingere le grazie unicamente col recipiente della fiducia. Se la loro fiducia sarà grande, la mia generosità non avrà limiti. I rivoli della mia grazia inondano le anime umili. I superbi invece sono sempre nell'indigenza e nella miseria, poiché la mia grazia si allontana da loro[66]. Di' alle anime (che) debbono cercare consolazione nel tribunale della misericordia (cioè nella Confessione): lì infatti avvengono i miracoli più grandi. E per ottenere questi miracoli non occorre fare pellegrinaggi in terre lontane, né celebrare solenni riti esteriori, ma basta mettersi con fede ai piedi di un mio rappresentante e confessargli la propria miseria: e il miracolo della divina misericordia si manifesterà in tutta la sua pienezza. Anche se un'anima fosse in decomposizione come un cadavere ed umanamente non ci fosse più alcuna possibilità di risurrezione e tutto fosse ormai perduto, non sarebbe così per Dio: un miracolo della divina misericordia risusciterà quell'anima in tutta la sua pienezza. Infelici coloro che non approfittano di questo miracolo della divina misericordia! Lo invocherete invano, quando sarà troppo tardi!»[67].

La suddetta festa della Misericordia deve essere preceduta da un'apposita novena che, iniziando il venerdì santo, arriva a concludersi il sabato precedente la domenica *in albis*. In tal modo si pone chiaramente in risalto il legame inscindibile che esiste tra la passione e morte del Signore e l'esercizio della sua benevolenza a vantaggio di tutte le anime, specialmente quelle più bisognose. In questi nove giorni si deve far uso della "Novena alla Divina Misericordia" che Gesù stesso ha dettato a Suor Faustina:[68] «Desidero che durante questi nove giorni tu conduca le anime alla fonte della mia misericordia, affinché attingano forza, refrigerio ed ogni grazia di cui hanno bisogno per le difficoltà della vita e specialmente nell'ora della morte. Ogni giorno condurrai al mio cuore un diverso gruppo di anime e le immergerai nel mare della mia misericordia. E io tutte queste anime le introdurrò nella casa del Padre mio. Lo farai in questa vita e nella vita futura. E non rifiuterò nulla a nessuna anima che condurrai alla fonte della mia misericordia. Ogni giorno chiederai al Padre mio le grazie per queste anime per la mia dolorosa passione»[69].

E le categorie di persone evocate nelle orazioni dei nove giorni sono: l'intera umanità e soprattutto i peccatori; i sacerdoti e i religiosi; le anime devote e fedeli; i pagani; gli eretici e gli scismatici; gli umili e i piccoli; i devoti e i cultori della misericordia; le anime del Purgatorio; e quelle tiepide. Durante la suddetta novena si può far uso anche della "Coroncina alla Divina Misericordia", insegnata pure essa a Suor Faustina per rivelazione.

---

[66]*Ibid.*, p. 836-837.
[67]*Ibid.*, p. 755.
[68]M. SOPOĆKO, *Chrystus - Król Miłosierdzia*, Wyd. Kraków 1937, p. 3 (La traduzione dal polacco è mia: titolo, *Cristo - Il Re della Misericordia*).
[69]F. KOWALSKA, *Diario*, pp. 649-650.

Nel *Diario* molta attenzione è dedicata alla coroncina della Divina Misericordia. Secondo il racconto di santa Faustina, con questa pia pratica ci si rivolge direttamente a Dio Padre, affinché usi misericordia a tutto il mondo per la dolorosa passione del suo Figlio diletto il quale ha immolato se stesso in espiazione dei peccati. Una specifica efficacia viene assegnata a questa preghiera per il conforto dei moribondi: «Questa preghiera serve a placare l'ira divina. La reciterai con la comune corona del rosario, in questo modo: prima reciterai il Padre nostro, l'Ave Maria e il Credo. Poi, sui grani del Padre nostro, dirai le seguenti parole: Eterno Padre, io ti offro il Corpo e il Sangue, l'Anima e la Divinità del tuo dilettissimo Figlio e nostro Signore Gesù Cristo, in espiazione dei nostri peccati e di quelli del mondo intero. Sui grani dell'Ave Maria reciterai le seguenti parole: Per la sua dolorosa passione, abbi misericordia di noi e del mondo intero. Infine, reciterai per tre volte queste parole: Santo Dio, santo forte, santo immortale, abbi pietà di noi e del mondo intero»[70].

Esiste infine un'altra pia pratica richiesta dal Signore per onorare la sua misericordia: quella relativa alle tre del pomeriggio, ora nella quale il Redentore ha consumato la sua immolazione affinché la giustizia potesse congiungersi con l'amore: allo scoccare di quell'ora è quanto mai opportuno compiere l'esercizio della *Via Crucis*, o almeno praticare un momento di profondo raccoglimento in Chiesa o nel segreto della propria coscienza[71].

Il Signore, dunque, desidera che venga onorata la sua misericordia: e a questo scopo fa richiesta di un'apposita festa e insegna apposite orazioni. Ma tutto ciò non è sufficiente. Infatti, il vero culto a Dio non può mai limitarsi alle esteriorità liturgiche o devozionali; al contrario, deve sempre coinvolgere il cuore dell'uomo e i suoi comportamenti. Ecco allora la vera essenza di questa spiritualità: nutrire profonda fiducia nella bontà divina, esercitare fattivamente la benevolenza verso i propri fratelli: «Oh, quanto mi ferisce la diffidenza di un'anima! Tale anima riconosce che sono santo e giusto, ma non crede che sono misericordioso, non ha fiducia nella mia bontà. Anche i demoni ammirano la mia giustizia, ma non credono alla mia bontà[72]. Scrivi: Tutto ciò che esiste è racchiuso nelle viscere della mia misericordia più profondamente di un bimbo nel grembo materno. Quanto mi ferisce la diffidenza verso la mia bontà! I peccati di sfiducia sono quelli che mi feriscono in maniera più dolorosa[73]. Esorta le anime ad una grande fiducia nella mia insondabile misericordia. L'anima debole e peccatrice non abbia timore di accostarsi a me: anche se avesse più peccati di quanti granelli di sabbia ci sono sulla terra, tutto sprofonderà nell'abisso

---

[70]*Ibid.*, pp. 328-329.
[71]Cf. E. OZOROWSKI - Z. JARZĄBEK - E. BOBOWSKA, *I dialoghi sulla Misericordia Divina*, p. 65.
[72]F. KOWALSKA, *Diario*, p. 235.
[73]*Ibid.*, p. 604.

della mia misericordia»[74].

Inizialmente, nessuno prende sul serio Suor Faustina: intorno a lei c'è solo incredulità. Ma Gesù stesso la sprona e incoraggia a farsi strumento per la diffusione di questa devozione, facendo di lei, un'umile e sconosciuta suora polacca, l'apostola dell'Amore Misericordioso di Dio.

«Le anime che tendono alla perfezione abbiano un culto speciale per la mia misericordia perché l'abbondanza delle grazie che concedo loro proviene proprio dalla mia misericordia. Le grazie della mia misericordia si attingono con un solo recipiente: e questo è la fiducia. Più un'anima ha fiducia, più ottiene. Sono di grande conforto per me le anime che hanno una fiducia illimitata: su di loro riverso tutti i tesori delle mie grazie. Sono contento quando chiedono molto, perché è mio desiderio dare molto, anzi moltissimo. Mi rattrista invece se chiedono poco[75]. Esigo da te atti di misericordia, che debbono derivare dall'amore verso di me. Devi mostrare misericordia sempre ed in ogni luogo verso il prossimo: non puoi esimerti da questo, né ritirarti, né giustificarti. Ti sottopongo tre modi per dimostrare misericordia verso il prossimo: il primo è l'azione, il secondo è la parola, il terzo è la preghiera. In questi tre gradi è racchiusa la pienezza della misericordia; essa è una dimostrazione irrefutabile dell'amore verso di me. In questo modo l'anima esalta e rende culto alla mia misericordia, poiché anche la fede più forte non serve a nulla senza le opere[76]. Scrivi (queste parole) per le molte anime che si affliggono perché non possiedono beni materiali coi quali praticare le opere di misericordia. La misericordia spirituale ha un merito molto maggiore ed è accessibile a tutti. Se un'anima non pratica la misericordia in qualunque modo, non otterrà la mia misericordia nel giorno del giudizio. Oh, se le anime sapessero accumulare per sé tesori eterni, non verrebbero giudicate, avendo già prevenuto il mio giudizio con la misericordia!»[77].

Questa specifica forma di spiritualità deve poi tradursi in un vero e proprio apostolato, così da usufruire dei benefici promessi dal Signore: «Non desistere dal diffondere (la devozione alla) mia misericordia; con ciò procurerai refrigerio al mio cuore che arde del fuoco della compassione per i peccatori. Di' ai miei sacerdoti che i peccatori induriti si inteneriranno, quando parleranno loro della mia misericordia sconfinata e della compassione che nutro per loro. Ai sacerdoti che proclameranno ed esalteranno la mia misericordia, darò una forza meravigliosa, unzione alle loro parole, e commuoverò i cuori ai quali parleranno»[78]. «Le anime che diffondono il culto della mia misericordia, io le proteggo per tutta la vita, come una tenera madre

---

[74]*Ibid.*, p. 597.
[75]*Ibid.*, p. 822.
[76]*Ibid.*, p. 457.
[77]*Ibid.*, p. 702.
[78]*Ibid.*, p. 800.

protegge il suo bimbo ancora lattante; e nell'ora della morte non sarò per loro giudice, ma salvatore. Felice l'anima che durante la vita si è immersa nella sorgente della misericordia, poiché la giustizia non la raggiungerà»[79].

In relazione con questa esigenza apostolica, occorre tener presente anche un altro aspetto della vicenda spirituale di Suor Faustina: quello relativo alla fondazione di un nuovo Istituto Religioso femminile, tutto finalizzato ad annunciare, onorare ed invocare la Divina Misericordia. Questa idea compare per la priva volta nel *Diario* nel giugno del 1935 e vi ricorre poi con insistenza fino alla morte di Suor Faustina (5 ottobre 1938), tanto da diventare per lei un vero supplizio interiore: da una parte infatti è sicura che il Signore desidera tale opera; dall'altra, però, non riesce ad ottenere le relative autorizzazioni e, soprattutto, avverte che le forze si stanno spegnendo. Il desiderio di Suor Faustina non si spense con la sua morte perché il confessore, don Michele Sopoćko, raccolse e mise in atto anche questa ispirazione della sua figlia spirituale: nell'ottobre del 1941 infatti, con la professione religiosa della prima aspirante, egli riuscì ad avviare la fondazione della *Congregazione di Gesù Cristo Redentore Misericordioso* (attualmente denominata *Congregazione delle Suore di Gesù Misericordioso*), la quale successivamente si sviluppò ed ottenne il riconoscimento ecclesiale. Ma oltre a tutto questo, Suor Faustina poté conseguire anche un altro risultato apostolico, più debolmente in vita e assai più fortemente in morte: coinvolgere la sua stessa Congregazione di appartenenza nel perseguire la missione che il Signore le aveva affidato a beneficio della Chiesa. Ciò si sta realizzando non solo nel Santuario della Divina Misericordia di Cracovia, ma anche in tutte le altre case dell'Istituto, diffuse in varie parti del mondo. Gradualmente poi sono sorti anche altri centri di diffusione della sua spiritualità, con la partecipazione zelante di tanti sacerdoti, consacrati e laici[80].

Il messaggio messianico sulla misericordia conserva una particolare dimensione divino- umana. «Cristo, quale compimento delle profezie messianiche, divenendo l'incarnazione dell'amore che si manifesta con particolare forza nei riguardi dei sofferenti, degli infelici e dei peccatori, rende presente e in questo modo rivela più pienamente il Padre, che è Dio "ricco di misericordia". Contemporaneamente, divenendo per gli uomini modello dell'amore misericordioso verso gli altri, Cristo proclama con i fatti, ancor più che con le parole, quell'appello alla misericordia, che è una delle componenti essenziali "dell'ethos del Vangelo"»[81].

Cristo, nel rivelare l'amore - misericordia di Dio, esigeva dagli uomini che si facessero guidare nella loro vita dall'amore e dalla misericordia. Questa esigenza fa parte dell'essenza stessa del messaggio messianico e costituisce il mondo dell'*ethos*

[79]*Ibid.*, p. 604.
[80] Cf. T. K. SZAŁKOWSKA, *Tajemnica Miłosierdzia*, pp. 12-18.
[81] GIOVANNI PAOLO II, *Dives in misericordia*, pp. 14-15.

evangelico. Il Maestro lo esprime sia per mezzo del comandamento da Lui definito come "il più grande", sia in forma di benedizione, quando nel discorso della montagna proclama: «Beati i misericordiosi, perché troveranno misericordia» (*Mt* 5,7)[82].

La misericordia di Dio non deve essere separata dal suo amore e trattata come pietismo. Considerandolo sotto l'aspetto umano, quest'amore veniva spesso compreso come compassione, perché l'uomo cade spesso, commette il peccato. Da parte di Dio, invece, esso è amore autentico, perché l'amore verso l'umanità è stato costantemente misericordioso. Dio, infatti, fin dall'inizio vedeva quello che aveva fatto l'uomo e quello che gli sarebbe accaduto. Non ha desistito, però, dal suo amore primordiale. Aveva creato il mondo con l'idea che in esso il Figlio di Dio si sarebbe fatto uomo, perché l'uomo diventasse Dio (s. Ireneo). In questo modo l'amore misericordioso di Dio si è manifestato nell'opera della creazione e della salvezza, trasformando la colpa, che meritava la condanna, in "felice colpa" (*Exultet*). E così è sempre. Ogni uomo viene concepito e nasce circondato dall'amore di Dio, che riversa su di lui la misericordia[83].

Nel compimento escatologico, la misericordia si rivelerà come amore, mentre nella temporaneità, nella storia umana, che è insieme storia di peccato e di morte, l'amore deve rivelarsi soprattutto come misericordia ed anche attuarsi come tale. Il programma messianico di Cristo, programma di misericordia, diviene il programma del suo popolo, il programma della Chiesa. Al centro di questo sta sempre la croce, poiché in essa la rivelazione dell'amore misericordioso raggiunge il suo culmine[84].

2.3 I due fasci di luce che partono dal cuore di Gesù e Maria Madre di Misericordia

Suor Faustina riferisce della seguente visione: «Io porgo agli uomini il recipiente con il quale devono venire ad attingere le grazie alla sorgente della misericordia. Il recipiente è quest'immagine con la scritta: Gesù confido in te! Scrivi queste parole, figlia mia, parla al mondo della mia misericordia. Questo è un segno per gli ultimi tempi, dopo i quali arriverà il giorno della giustizia. Figlia mia, di' al genere umano sofferente che si stringa alla Misericordia del mio Cuore ed Io lo colmerò di pace. La piaga del mio Cuore è la sorgente della Misericordia senza

---

[82]Cf. ID., *Pensieri sparsi*, p. 30.
[83]Cf. E. OZOROWSKI - Z. JARZĄBEK - E. BOBOWSKA, *I dialoghi sulla Misericordia Divina*, p. 26.
[84]Cf. GIOVANNI PAOLO II, *Dives in misericordia*, pp. 42-43.

limiti»[85].

La visione avuta da santa Faustina sui due raggi, uno rosso e l'altro pallido, scaturiti dal Cuore di Gesù, si trova nel Vangelo di Giovanni dove si legge molto chiaramente come il cuore di Cristo venne trafitto e come da esso fuoriuscirono il sangue e l'acqua (cf. *Gv* 19,34). Essi stanno a significare il sangue e l'acqua sgorgati dal suo petto aperto dalla lancia sulla Croce, sono l'*acqua* che "giustifica" le anime con il Battesimo ed il *sangue* che è vita per l'anima, l'Eucaristia.

In questo contesto trova il suo posto anche la parola chiave "sete", in quanto, mentre l'acqua terrena lascia di nuovo sete, l'acqua di Gesù acquieta la sete per sempre: *Chi ha sete venga a me e beva. Colui che ha fede in me*; così la sete del credente viene calmata sempre (cf. *Gv* 7,37).

L'apertura del cuore sta ad indicare il dono, per l'uso pubblico, di quanto di più personale ed intimo Gesù ha; lo spazio aperto, svuotato, può essere accessibile a tutti. Inoltre, occorreva dare la dimostrazione ufficiale che la separazione della carne e del sangue (come presupposto della forma del banchetto eucaristico) era avvenuto fino in fondo. Il (nuovo) tempio come pure la nuova sorgente, aperta a chi vuole attingere ad essa, rinviano alla comunità: il corpo donato è il luogo della nuova fondazione del patto, della nuova convocazione della comunità: spazio, altare, sacrificio, banchetto, comunità e Spirito nello stesso tempo[86].

Faustina Kowalska, bisogna dire, fu per tutta la sua vita un'anima eminentemente eucaristica e mariana. La Vergine Maria le apparve molte volte, per confortarla e istruirla nel suo cammino di fede: «Figlia Mia, per raccomandazione di Dio debbo esserti Madre in modo esclusivo e speciale, ma desidero che anche tu mi sia figlia in modo particolare, le raccomandava. Desidero, figlia mia carissima, che ti eserciti in tre virtù che per me sono le più care e a Dio le più gradite. La prima è l'umiltà, l'umiltà, e ancora una volta l'umiltà. La seconda virtù è la purezza. La terza virtù è l'amore per Dio. In qualità di figlia mia devi risplendere in modo particolare per queste virtù»[87].

Il Giovedì Santo del 1934 Suor Faustina si offre vittima, secondo la richiesta divina, per i peccatori che non conoscono ancora la misericordia di Dio. Le vessazioni diaboliche fanno violentemente irruzione nella sua vita. Ripetutamente punzecchiata dalle consorelle, incompresa dai superiori, fra sospetti e tribolazioni, l'umile conversa destinata sempre alle mansioni più infime riuscì comunque a sviluppare una straordinaria unione mistica con Dio che l'arricchì di doni eccezionali: visioni, stimmate nascoste, partecipazione alla Passione di Cristo, profezia e discernimento delle anime, carisma di intercessione per gli spiriti purganti. In

[85]F. KOWALSKA, *Diario*, p. 248.
[86]Cf. H. U. VON BALTHASAR, *Teologia dei tre giorni*, Queriniana, Brescia 1971, p. 121.
[87]F. KOWALSKA, *Diario*, p. 742.

preparazione alla festa del Natale del 1936 si sentì dire: «Figlia mia, procura di essere mite ed umile affinché Gesù che dimora continuamente nel tuo cuore possa riposare. Adoralo nel tuo cuore. Non uscire dal tuo raccoglimento interiore. Ti otterrò, figlia mia, la grazia di questo genere di vita interiore di modo che, senza che abbandoni la tua intimità, possa adempiere all'esterno tutti i tuoi doveri con maggior precisione. Rimani continuamente con Lui nel tuo cuore. Egli sarà la tua forza. Sei un'abitazione gradita del Dio vivente, nella quale Egli dimora continuamente con amore e compiacimento; e la viva presenza di Dio che senti in maniera più viva ed evidente ti confermerà, figlia mia, in ciò che ti ho detto. Cerca di comportarti così fino al giorno di Natale, ed in seguito Egli ti farà conoscere come tu dovrai trattare con Lui e come unirti a Lui»[88].

Continuamente vessata dal Maligno, bollata in convento come isterica e visionaria, Faustina patisce molte accuse e incomprensioni, ma non si lamenta mai. Nel suo *Diario* scrive di volersi consumare totalmente per la salvezza delle anime. Prega molto e coltiva un'intensa vita interiore.

La Madre della Misericordia, che Faustina amava profondamente, le fu guida e sicuro conforto nelle molte sofferenze fisiche e spirituali della sua brevissima vita. «Lo so quanto soffri, ma non temere, io partecipo e parteciperò sempre alle tue sofferenze. Sappi che, sebbene io sia stata innalzata alla dignità di Madre di Dio, sette spade dolorose mi hanno trafitto il cuore. Non far nulla a tua difesa; sopporta tutto con umiltà. Dio stesso prenderà le tue difese. Oh, quanto è cara a Dio l'anima che segue fedelmente l'ispirazione della sua grazia! Non aver paura di nulla: sii fedele fino alla fine. Io ti accompagno con la mia tenerezza»[89].

Intimamente connesso al ruolo della maternità divina, anche questo è un titolo caro all'esperienza cristiana e diffuso nella storia del culto mariano. Il concetto di misericordia è densamente biblico e si riferisce ai "sentimenti" di Dio nella sua realtà di Padre. È una modulazione dell'amore divino nelle sue espressioni di bontà, di compassione, di benevolenza, di clemenza, inteso principalmente come testimonianza della sua fedeltà all'alleanza, patto perenne di amore con l'uomo, dal Sinai alla Parusia. Secondo la Sacra Scrittura, Dio coniuga l'amore non con manifestazioni emotive di tipo antropomorfico, ma con gesti concreti e circostanti, con interventi salvifici.

Singolare soggetto e testimone della misericordia di Dio è santa Maria di Nazaret. Nel cantico del *Magnificat* lei offre la vera chiave di lettura del significato storico-salvifico della benevolenza di Dio, e indica nel contempo quale sia l'atteggiamento di risposta da parte della creatura. Scriverà il compianto Giovanni

[88] *Ibid.*, p. 477.
[89] *Ibid.*, p. 478.

Paolo II: «Maria è colei che, in modo particolare ed eccezionale- come nessuno altro - ha sperimentato la misericordia e al tempo stesso, sempre in modo eccezionale, ha reso possibile col sacrificio del cuore la propria partecipazione alle rivelazione della misericordia divina»[90].

Nella miracolosa nascita di Cristo, Dio rivela a tutto il mondo gli attributi della Misericordia in Maria: la purezza del corpo, le straordinarie potenzialità dell'intelletto, dell'anima e soprattutto del cuore immacolato.

2.4 La missione di Santa Faustina

La missione di Santa Faustina consiste nel ricordare una verità di fede da sempre conosciuta, ma forse dimenticata, riguardante l'amore misericordioso di Dio per l'uomo e nel trasmettere nuove forme di culto della Divina misericordia, la cui pratica dovrebbe portare al rinnovamento della vita di fede. Papa Giovanni Paolo II pronunciò il 17 agosto 2002 queste parole sulla missione: «Quanto bisogno della misericordia di Dio ha il mondo di oggi! In tutti i continenti, dal profondo della sofferenza umana, sembra alzarsi l'invocazione della misericordia. Dove dominano l'odio e la sete di vendetta, dove la guerra porta il dolore e la morte degli innocenti, là è necessaria la grazia della misericordia, per placare le menti e i cuori, e per far scaturire la pace. Dove viene meno il rispetto per la vita e la dignità dell'uomo, è necessario l'amore misericordioso di Dio, alla cui luce si manifesta l'inesprimibile valore di ogni essere umano. Abbiamo bisogno della misericordia per far sì che ogni ingiustizia nel mondo trovi il suo termine nello splendore della verità»[91]. La missione di suor Faustina ha carattere più profetico che apostolico, si esprime più nella proclamazione che nell'azione. Non consiste, infatti, in un'attività movimentata o nella fondazione di nuove istituzioni, ma in un timido relazionarsi appena con poche persone e nell'annotare tutto quello che la semplice suora "ha accolto" nelle visioni e "ha conosciuto" nelle esperienze mistiche. La missione della mistica e "l'attività" della missione sono il frutto della contemplazione di Dio e delle sue rivelazioni. Pertanto le esperienze mistiche di Faustina e la sua missione sono indissolubilmente tra loro connesse; si completano a vicenda, però, l'attività apostolica è sempre secondaria rispetto alla frequentazione di Dio. Il culto della Divina Misericordia

[90]V. BATTAGLIA - L. LEHMANN - P. MESSA, *La "Scuola Francescana" e L'Immacolata concezione*, a cura di S. M. CECCHIN, Ed. P. A. M. Internazionalis, Città del Vaticano 2005, p. 516.
[91]G. CIONCHINI - R. TISOT - S. TOGNETTI, *Gesù confido in Te*, p. 17.

consiste nella meditazione della infinita bontà di Dio e nelle opere di misericordia verso prossimo[92]. La missione di Suor Faustina consiste in tre compiti:

- Avvicinare e proclamare al mondo la verità rivelata nella Sacra Scrittura sull'amore misericordioso di Dio per ogni uomo;
- Implorare la misericordia divina per tutto il mondo, soprattutto per i peccatori, tra l'altro, attraverso la prassi delle nuove forme di culto della Divina Misericordia indicate da Gesù: l'immagine di Cristo con la scritta: Gesù confido in Te, la festa della Divina Misericordia nella prima domenica dopo Pasqua, la coroncina alla Divina Misericordia e la preghiera nell'ora della Misericordia (ore 15).

A queste due forme del culto e anche alla diffusione della devozione alla Divina Misericordia il Signore allegava grandi promesse a condizione dell'affidamento a Lui e dell'amore attivo per il prossimo.

- Ispirare un movimento apostolico della Divina Misericordia, con il compito di proclamare e implorare la misericordia Divina per il mondo e aspirare alla perfezione cristiana sulla via indicata da Suor Faustina. Si tratta della via che prescrive un atteggiamento di fiducia filiale in Dio, si esprime nell'adempimento della Sua volontà e nell'atteggiamento misericordioso verso il prossimo. Oggi questo movimento riunisce nella Chiesa milioni di persone di tutto il mondo: congregazioni religiose, istituti secolari, sacerdoti, confraternite, associazioni, diverse comunità degli apostoli della Divina Misericordia e persone singole che intraprendono i compiti che il Signore ha trasmesso a Suor Faustina.

La missione di suor Faustina è stata descritta nel *Diario* che essa redigeva, seguendo quello che lei avvertiva essere il desiderio di Gesù e i suggerimenti dei padri confessori, annotando fedelmente tutte le parole di Gesù e rivelando il contatto della sua anima con Lui. Il Signore diceva a Faustina:[93] «Segretaria del Mio mistero più profondo, il tuo compito più profondo è di scrivere tutto ciò che ti faccio conoscere sulla Mia misericordia, per il bene delle anime che leggendo questi scritti proveranno un conforto interiore e saranno incoraggiate ad avvicinarsi a Me»[94].

Nella storia dell'umanità e della fede è stata lunga la via che portò a presentare Dio come Padre di misericordia. Ugualmente lunga fu la via del culto pubblico della Chiesa che venera Dio in questo mistero.

---

[92] Cf. F. KOWALSKA, *Diario*, p 11.

[93] R. TISOT, *Il culto della Divina Misericordia*, A.D.I.M , Trento 2000, pp. 9-10.

[94] F. KOWALSKA, *Diario*, p. 880.

2.5 Il progressivo riconoscimento ecclesiale

Nel 1942 Karol Wojtyła entrò nel "Seminario segreto" fondato dal Cardinale Sapieha, il coraggioso Arcivescovo di Cracovia. Un compagno di seminario, Andreas Deskur, Cardinale di Santa Romana Chiesa, gravemente malato, gli richiamò l'attenzione sul messaggio della Divina Misericordia di una certa suora Faustina Kowalska, nata nel 1905 e morta, trentatreenne, nel 1938. Dunque a quel tempo egli sapeva già di questa semplice suora, davanti al cui monastero passava ogni giorno per andare al lavoro forzato in fabbrica. Aveva sentito parlare dei messaggi che lei riceveva da Gesù e che sono riportati in maniera così coinvolgente nel suo diario. Karol Wojtyła, come Vescovo Ausiliare di Cracovia ed in seguito, come Arcivescovo e Cardinale, si prodigò molto per la beatificazione di Suor Faustina. Dovette superare alcune resistenze perché il Sant'Ufficio, come allora si chiamava l'attuale Congregazione per la Dottrina della Fede a Roma, nutriva grosse riserve sugli scritti di Suor Faustina. In seguito risultò che ciò era dovuto soprattutto a traduzioni sbagliate ed equivoche. Infine, come Papa, Giovanni Paolo II ha potuto beatificare Suor Faustina nel 1993 e canonizzarla nell'anno 2000[95].

Egli ha ripetutamente sottolineato come il tema della misericordia fosse centrale nella sua vita. Nei messaggi di Suor Faustina, egli vide soprattutto una risposta alle indescrivibili proporzioni assunte dal male nel ventesimo secolo e di cui egli stesso, nella sua vita, fu testimone: gli orrori del nazionalsocialismo, le incredibili sofferenze della popolazione polacca durante l'occupazione nazista, e il successivo comunismo. Volgendo lo sguardo a quegli anni di dolore, nel 1997 egli disse: «Il messaggio della Divina Misericordia mi è stato sempre caro e vicino. È come se la storia lo avesse iscritto nella tragica esperienza della seconda guerra mondiale. In quegli anni difficili, esso fu un particolare sostegno e una fonte inesauribile di speranza, non soltanto per gli abitanti di Cracovia, ma per l'intera nazione polacca. Questa è stata anche la mia esperienza personale che ho portato con me sulla Sede di Pietro e che, in un certo senso, forma l'immagine del mio pontificato»[96].

Ora naturalmente dobbiamo porci la domanda: Papa Giovanni Paolo II voleva promuovere con ciò una particolare forma di devozione? Molti conoscevano l'immagine di Gesù Misericordioso di Łagiewniki di Cracovia, con i raggi che si dipartono da Lui, la coroncina alla Divina Misericordia, l'ora della Misericordia. Certamente egli ha apprezzato queste forme di devozione, ma le ha tematizzate piuttosto raramente. Egli trovò però, nelle parole, nei messaggi che Suor Faustina

---

[95]Cf. R. TISOT, *Il culto della Divina Misericordia*, p. 11.
[96]*Ibidem.*

ricevette da Gesù e che trasmise in un linguaggio del tutto semplice, la risposta ai grandi quesiti e alle sfide del nostro tempo. Papa Giovanni Paolo II ha riflettuto, alla luce di questi messaggi, per tutta la vita, sull'inesauribile mistero della Divina Misericordia. Questo mistero ha plasmato il suo operato di sacerdote, di vescovo e di papa ed ha toccato, attraverso la sua persona, un numero infinito di uomini in tutto il mondo. Egli fu davvero un "testimone" unico "della Misericordia"[97].

Prima di affrontare il tema della Misericordia nel suo contenuto, vorrei premettere una breve osservazione circa le "rivelazioni private"[98].

Suor Faustina, come aveva contemplato in visione la piena accettazione ecclesiale della festa in onore alla Divina Misericordia e della relativa spiritualità[99], allo stesso modo aveva pure previsto gravi incomprensioni e forti opposizioni a tutta la sua missione. Si può dire che l'apice di queste difficoltà venne raggiunto una ventina d'anni dopo la sua morte, con un severo intervento della Sacra Congregazione del Sant'Ufficio: «Si rende noto che la Suprema Sacra Congregazione del Sant'Ufficio, prese in esame le asserite visioni e rivelazioni di Suor Faustina Kowalska (dell'Istituto di Nostra Signora della Misericordia, defunta nel 1938 presso Cracovia), ha stabilito quanto segue: 1) doversi proibire la diffusione delle immagini e degli scritti che presentano la devozione della Divina Misericordia nelle forme proposte dalla medesima Suor Faustina; 2) essere demandata alla prudenza dei Vescovi il compito di rimuovere le predette immagini che eventualmente fossero già esposte al culto»[100].

Gli effetti di questi divieti furono molto pesanti, specie in Polonia. Anche se è impossibile in questa sede indagare sulle ragioni e sulle finalità dell'intervento disciplinare, noi ci limitiamo a constatare come le opere di Dio non possono mai essere impedite del tutto. E fu così che, a distanza di un'altra ventina d'anni, il medesimo Dicastero dovette emanare una nuova *Notificazione* dal tenore assai diverso rispetto al precedente:[101] «Da diverse parti, specialmente dalla Polonia, anche autorevolmente, è stato chiesto se le proibizioni contenute nella Notificazione della S. Congregazione del Sant'Ufficio, pubblicata nel 1959, riguardanti la devozione alla Divina Misericordia nelle forme proposte da Suor Faustina Kowalska, si debbano ritenere ancora in vigore. Questa S. Congregazione, tenuti presenti i molti documenti originali, non conosciuti nel 1959; considerate le circostanze profondamente mutate; e tenuto conto del parere di molti Ordinari Polacchi, dichiara non più vincolanti le

---

[97]Cf. *ibid.*, p. 12.

[98]Cf. CH. SCHÖNBORN, *La Misericordia di Dio il centro della Fede cristiana*, in G. CIONCHINI - R. TISOT - S. TOGNETTI, *Gesù confido in Te - Periodico per la coscienza e la contemplazione della Divina Misericordia*, pp. 20-21.

[99]Cf. F. KOWALSKA, Diario, pp. 366-367.

[100]R. TISOT, *Il culto della Divina Misericordia*, p. 13.

[101]Cf. CH. SCHÖNBORN, *La Misericordia di Dio il centro della Fede cristiana*, p. 21.

proibizioni contenute nella citata Notificazione»[102].

È facile immaginare il ruolo ricoperto in questa vicenda dall'allora arcivescovo di Cracovia, Karol Wojtyła, che reggeva l'arcidiocesi dal gennaio del 1964, e che dall'ottobre del 1965 al settembre del 1967 aveva condotto la fase diocesana del processo di canonizzazione di Suor Faustina. Salito al soglio pontificio nell'ottobre del 1978, ha operato in modo da portare a compimento quanto già la Divina Provvidenza aveva affidato alla sua sollecitudine pastorale: ecco allora il 30 novembre 1980 l'Enciclica *Dives in misericordia* totalmente dedicata a questa verità relativa al mistero di Dio; ed ecco soprattutto la beatificazione di Suor Faustina Kowalska, la domenica *in albis* del 18 aprile 1993, in Piazza San Pietro e la sua canonizzazione, nelle medesime circostanze, il 30 aprile del 2000[103].

---

[102] *Ibidem.*
[103] Cf. *ibid.*, p. 23.

Capitolo III

Cristo e il Cuore Misericordioso

Conoscere Gesù è il desiderio e la necessità fondamentale dell'uomo. La conoscenza di Gesù è risolutrice di ogni problema, non solo di quelli spirituali, ma anche di quelli di indole materiale e fisica, perché coincide addirittura con la salvezza dell'uomo. Gesù non si limita a guarire dalla malattia, ma vuole salvare tutto l'uomo attraverso la fede[104].

Il primo gesto nella storia è consistito in una comunicazione che Dio ha fatto. Dio ha donato Se stesso. In un certo senso Dio ha condiviso il nostro niente: «Ti ho amato di un amore eterno; perciò ti ho attratto a me, avendo compassione del tuo niente» (*Ger* 31,3)[105].

Dio ci ama con cuore di uomo. Al centro del mistero del mondo c'è Gesù Cristo. Al centro del mistero di Gesù Cristo c'è la sua morte che si schiude nella risurrezione. Al centro del mistero della sua morte c'è il suo amore, il suo cuore. Per questo possiamo dire che la celebrazione della festa del Cuore di Cristo conduce all'essenza del cristianesimo: la persona di Gesù, Figlio di Dio e Salvatore del mondo, svelato fin nel mistero più intimo dei suo essere, fino alle profondità da cui scaturiscono tutte le sue parole e le sue azioni, il suo amore filiale e fraterno fino alla morte[106].

Santa Faustina scrisse nel suo "Diario": «O Gesù dolce, hai eretto qui il trono della Tua Misericordia, per aiutare i peccatori e ridar loro la gioia. Dal Tuo Cuore squarciato, come da limpida fonte, sgorga il conforto per le anime ed i cuori contriti. Erompe senza posa dal cuore degli uomini l'onore e la gloria per questa Immagine. Ogni cuore inneggi alla Divina Misericordia In ogni momento e nei secoli dei secoli»[107].

Il cuore ha simbolizzato per gran parte delle culture il centro vivo della persona, il luogo dove nell'intima unità della persona si fondano la complessità, la molteplicità delle facoltà, delle energie, delle esperienze. Il cuore, inoltre, è simbolo

---

[104]Cf. P. PERINI, *Corso leader*, Paoline, Milano 2008, p. 33.
[105]Cf. L. GIUSSANI, *Tracce d'esperienza cristiana*, Jaca Book, Milano 1983, p. 151.
[106]Cf. M. E. SIEPAK, *Gesù, confido in Te!*, Ed. Shalom, Camerata Piacenza (AN) 1994, p. 10.
[107]F. KOWALSKA, *Diario*, p. 39.

della profondità e dell'autenticità dei sentimenti e delle parole, quindi, della loro sorgente profonda: l'amore.

È un mistero Gesù, uomo perfetto abbandonato, amato come nessun altro uomo. Alla sua scuola noi impariamo ad amare secondo dimensioni completamente nuove. L'amore di Gesù non è né stoico né platonico, ma sentito, tenero, delicato. Il suo cuore ha veramente provato sentimenti di gioia e ammirazione davanti allo splendore della natura, al candore dei bimbi, allo sguardo d'un giovane rimasto puro; sentimenti di misericordia verso tutti i "poveri": peccatori, malati, vedove in pianto, folle erranti ed affamate; sentimenti di amicizia verso gli apostoli, i discepoli, Lazzaro e le sorelle; sentimenti di pietà per Gerusalemme che lo rifiuta e per Giuda che lo tradisce; d'indignazione contro i venditori del tempio e contro i suoi nemici, che volendolo eliminare, rovinano se stessi e il popolo; sentimenti di terrore durante l'agonia, di fronte al mistero della morte e del male che sembra trionfare.

Il luogo originario della nuova rivelazione dell'Amore è l'esistenza storica di Gesù di Nazaret culminante nell'avvenimento della Croce e Risurrezione. Gesù di Nazaret è la rivelazione del volto nuovo di Dio che si concentra nella sua manifestazione come "Amore assoluto". Certo che questa rivelazione non esplode né al di fuori né in contrasto con l'antica manifestazione dell'amore di Dio fondata essenzialmente sugli avvenimenti dell'Esodo e della Alleanza. Nella scoperta progressiva della santità ed onnipotenza divina, della sua misericordia e predilezione, Israele è penetrato sempre più nella conoscenza di Dio Amore[108].

Dio non è un tiranno, è spazio di libertà per l'uomo. Sarà quindi opportuno specificare sempre che ci troviamo di fronte ad una *Onnipotenza nell'amore*. Il massimo della onnipotenza divina in questo modo si è espressa nella Risurrezione di Gesù Cristo e continua a risplendere nella nostra rigenerazione a vita nuova nel mistero della Pasqua.

Il senso di onnipotenza di Dio passa quindi attraverso l'abbassamento-svuotamento (kènosi) del Figlio (cf. *Fil* 2,6-8). L'onnipotenza di Dio è la onnipotente, vittoriosa debolezza dell'Amore[109]. Proprio nella «*kènosi* di Cristo (e soltanto in essa) appare l'intimo e intrinseco mistero d'amore di Dio che è amore (*1Gv* 4,8), e perciò "uno e Trino"»[110].

Amore e morte, la rivelazione più decisiva del cuore di Gesù è che l'amore non è totale se non passa attraverso la morte; non diviene portatore di vita se non accetta di attraversare la morte. Può trattarsi, talora, anche di morte fisica e sanguinosa, ma in ogni caso si tratta della morte a se stesso, dello spogliamento, della rinuncia, del

[108]Cf. M. BORDONI, *Gesù di Nazaret Signore e Cristo*, p. 127.
[109]Cf. N. CIOLA, *Cristologia e Trinità*, Borla, Roma 2002, p. 66.
[110]G. MARCHESI, *La cristologia Trinitaria di Hans Urs Von Baltahasar*, Queriniana, Brescia 1997, pp. 320-321.

distacco, della perdita e oblio di se stesso. Da quando la sofferenza è stata assunta per amare da Cristo, è diventata portatrice di vita e di salvezza.

3.1 Il Cristo e la misericordia di Dio

«Attraverso il Verbo Incarnato faccio conoscere l'abisso della Mia Misericordia»[111]. Misericordioso per eccellenza è Dio, «pietoso, lento all'ira e ricco di grazia e di fedeltà» (*Es* 34,6). Egli ha stretto un patto di alleanza con Israele, ha giurato di assisterlo e proteggerlo. Ogni volta che interviene per liberarlo e soccorrerlo, egli dà prova di *hésed*, di misericordia. E malgrado le infedeltà dell'uomo, continua ad essere fedele al suo amore, perché l'*hésed* di Dio non è condizionato dalla risposta dell'uomo. «Eterna è la sua misericordia» (*Sal* 136 [135]). La sua promessa di fedeltà è gratuita e la sua misericordia è senza limiti. San Paolo lo chiama «Padre misericordioso e Dio di ogni consolazione» (*2 Cor* 1,3). La misericordia di Dio Padre ha la forma interiore dell'amore, capace di chinarsi su ogni miseria e su ogni figlio prodigo, che viene così ritrovato, rivalutato, messo in grado di riscoprire la propria dignità. La condizione del povero e dell'indifeso tocca il Signore fin nel profondo delle sue viscere (*rahamîm*), suscitando in lui quelle emozioni ineffabili che una donna sperimenta per il figlio che porta in grembo.

«Sommo sacerdote misericordioso e fedele è diventato Cristo, dice l'autore della lettera agli Ebrei» (2,17). Ed ancora: «Non abbiamo un sommo sacerdote che non sappia compatire le nostre infermità, essendo stato lui stesso provato in ogni cosa. Accostiamoci dunque con piena fiducia al trono della grazia, per ricevere misericordia (...) ed essere aiutati al momento opportuno» (*Eb* 4, 15-16). Facendosi uomo, il Verbo ha provato le sofferenze dell'umanità. E si sa che chi ha fatto esperienza del dolore è più incline a soccorrere gli altri. Lui è misericordioso verso la donna samaritana, l'adultera, Zaccheo, Pietro, verso lo stesso Giuda. «Ha compassione per le turbe, disperse come pecore senza pastore» (*Mt* 9,36). Conforta e guarisce gli ammalati. Piange sulla tomba dell'amico Lazzaro (cf. *Gv* 11,33).

Gesù è incoronato di gloria e di onore, cioè Gesù è stato ammesso con la sua natura umana nell'intimità di Dio. Invece di effettuarsi attraverso le separazioni legali, la sua elevazione presso Dio si è compiuta grazie all'accettazione di una totale comunanza di destino con i suoi fratelli, la quale lo ha stabilito nel contempo nella misericordia sacerdotale[112].

---

[111]F. KOWALSKA, *Diario*, p. 105.

[112]Cf. A. VANHOYE, *Accogliamo Cristo nostro Sommo Sacerdote-Esercizi Spirituali con Benedetto XVI*, LEV, Città del Vaticano 2008, p. 39.

Colui che passò beneficando, risanando, curando malattie ed infermità, sembra meritare lui stesso la più grande misericordia quando viene arrestato ed oltraggiato, condannato ed inchiodato sulla croce. Non trova misericordia presso gli uomini e non sembra trovarla nemmeno da Dio, che tratta "da peccato" lui, che non aveva conosciuto peccato (cf. *2 Cor* 5,21). Lì si esprime la giustizia assoluta, sovrabbondante, perché i peccati dell'uomo vengono "compensati" dal sacrificio del Dio-Uomo. Tuttavia tale giustizia, che è propriamente giustizia "su misura" di Dio, nasce tutta dall'amore: dall'amore del Padre e del Figlio, e fruttifica tutta nell'amore. «La dimensione divina della redenzione non si attua soltanto nel far giustizia del peccato, ma nel restituire all'amore quella forza creativa nell'uomo, grazie alla quale egli ha nuovamente accesso alla pienezza di vita e di santità, che proviene da Dio. In tal modo, la redenzione porta in sè la rivelazione della misericordia nella sua pienezza»[113].

La realtà misterica della giustificazione ci apparirà più chiara se ne riscopriamo i fondamenti biblici e proviamo a rileggere in modo più sereno il significato della giustizia divina. Unica norma della giustizia di Dio è la sua santa volontà che si identifica con la sua stessa natura[114].

Suor Faustina Kowalska spiega in modo molto esplicito tre grandi attributi di Dio: «Il primo attributo che il Signore mi fece conoscere è la Sua Santità. Tale Santità è così grande, che davanti a Lui tremano tutte le Potenze e le Virtù. I puri spiriti nascondono il volto e si sprofondano in una incessante adorazione E l'unica espressione della loro adorazione senza limiti è: "Santo". La Santità di Dio è distribuita sulla Chiesa e su ogni suo membro, ma non in uguale misura. Ci sono delle anime completamente divinizzate, ma ci sono anche anime che vivono a malapena. Il secondo attributo che il Signore mi fece conoscere è la Sua Giustizia. La Sua Giustizia è così grande e penetrante che raggiunge fino in fondo l'essenza delle cose e tutto davanti a Lui è nella sua nuda realtà e nulla potrebbe continuare a sussistere. Il terzo attributo è l'Amore e la Misericordia. E compresi che l'Amore e la Misericordia è l'attributo più grande. Esso unisce la creatura al Creatore. L'amore più grande è l'abisso della Misericordia. Li riconosco nell'Incarnazione del Verbo, nella Redenzione da Lui operata. E da ciò compresi che questo attributo è il più grande in Dio»[115].

Gesù sulla croce si fa modello supremo di misericordia. «Padre, perdonali, perché non sanno quello che fanno» (*Lc* 23,34). Al ladrone assicura: «Oggi sarai con me nel paradiso» (*Lc* 23,43). E dopo la morte continua a mostrarsi ricco di

[113]GIOVANNI PAOLO II, *Dives in misericordia*, 7: EV 7, 900; cfr. A. SICARI, *L'avvenimento di misericordia*, in "Communio" 22 (1993), pp. 14-29.
[114]Cf. E. SCOGNAMIGLIO, *Il volto dell'uomo*, Ed. san Paolo, Cinisello Balsamo (Milano) 2008, pp. 384-385.
[115]F. KOWALSKA, *Diario*, pp. 180-181.

misericordia e di amore nutrendo l'umanità con il sangue e l'acqua che sgorgano dal suo cuore trafitto (cf. *Gv* 19,34).

Dio, infatti, «ricco di Misericordia, per il grande amore con cui ci ha amati, da morti che eravamo per i peccati, ci ha fatti rivivere con Cristo. Con Lui ci anche risuscitati e ci ha fatti sedere nei cieli, in Cristo Gesù, per mostrare nei secoli futuri la straordinaria ricchezza della sua grazia» (*Ef* 5, 4-6)[116]. «L'amore che proviene dal Padre, attraverso un avvenimento tragico e scandaloso si trasforma in sorgente di grazie infinite»[117]. «Ho aperto il mio cuore - ha detto Gesù a suor Faustina come una viva sorgente di misericordia: tutte le anime vi attingano con grande fiducia»[118]. «Il mio cuore gioisce del titolo di misericordioso. Annuncia che la misericordia è il più grande attributo di Dio»[119].

Un giorno dopo la santa Comunione nel 1934 suor Faustina vide Gesù nell'aspetto che aveva già visto durante un'ora di adorazione. «Quando agonizzavo sulla croce non pensavo a Me, ma ai poveri peccatori e pregavo il Padre per loro. Voglio che anche i tuoi ultimi momenti siano completamente simili ai Miei sulla croce. Uno solo è il prezzo col quale si riscattano le anime e questo prezzo è la sofferenza unita alla Mia sofferenza sulla croce. L'amore puro comprende queste parole; l'amore carnale non le comprenderà mai»[120].

3.2 Gesù - "Incarnazione" della Misericordia di Dio

Gesù stesso ci fornisce la prova migliore che il Dio dell'Antico Testamento è il Dio misericordioso. Come "formula breve" per la via alla santità ci dice semplicemente questo: «Siate misericordiosi, come è misericordioso il Padre vostro» (*Lc* 6,36). Vivere la misericordia significa dunque essere così perfetti «come è perfetto il Padre vostro celeste» (*Mt* 5, 48). Ma come è misericordioso il nostro Padre celeste? Come possiamo, noi poveri peccatori, riflettere la perfezione di Dio proprio nella misericordia? Dio ci ha rivelato questa via verso la Sua perfezione. A ciò egli ha preparato il suo popolo lungo tutto l'Antico Testamento. «Quando venne la pienezza del tempo, Dio mandò il suo Figlio» (*Gal* 4,4). Adesso noi possiamo vedere, in una forma umana, la Misericordia di Dio. E possiamo apprendere, in comunione con Gesù, la Misericordia di Suo Padre. Vivendo in comunione con Gesù possiamo diventare suoi seguaci, suoi discepoli. Egli può mostrarci la Misericordia del Suo

---

[116]Cf. M. BORDONI, *Gesù di Nazaret Signore e Cristo - Il Cristo annunciato dalla Chiesa*, vol. III, p. 164.
[117]A. VANHOYE, *Accogliamo Cristo nostro Sommo Sacerdote-Esercizi Spirituali con Benedetto XVI*, p. 112.
[118]F. KOWALSKA, *Diario*, p. 799.
[119]*Ibid.*, p. 236.
[120]*Ibid.*, pp. 246-247.

Cuore. Può, ancora di più, imprimerla in noi, formarci secondo il Suo Cuore. Questa è la via nuova che il Padre ci ha dischiuso. Come, altrimenti, potremmo conoscere la Misericordia di Dio, se non potessimo vederla nel volto umano di Gesù?

Il 20 giugno 1937 santa Faustina scrisse cosi: «Siamo maggiormente simili a Dio, quando perdoniamo al prossimo. Dio è amore, bontà e Misericordia. Ogni anima, e specialmente un'anima consacrata, deve rispecchiare in sé la Mia Misericordia»[121].

Cristo porterà ciò a compimento: la Sua Misericordia non è mai senza la verità. Gli ipocriti non possono trovare pietà perché si comportano come se non avessero bisogno di commiserazione alcuna. La misericordia può "attecchire" solo là dove i peccati si chiamano per nome. Ma, viceversa, è possibile fissare lo sguardo sulla propria miseria, vedere i propri peccati e riconoscerli, solo nell'incontro con la Misericordia di Dio. Rivelare la propria colpa di fronte a un giudice impietoso sarebbe, in un certo senso, un suicidio. Solo di fronte all'amore di Dio che odia il peccato, ma ama il peccatore, è possibile riconoscere e confessare il proprio peccato[122].

Suor Faustina spesso nel suo "Diario" dimostra la grande preoccupazione per i peccatori: «O Gesù, ricorda la Tua dolorosa Passione e non permettere che periscano anime redente col Tuo preziosissimo e santissimo Sangue. O Gesù, quando considero il grande prezzo del Tuo Sangue, gioisco per il suo grande valore, dato che una sola goccia sarebbe bastata per tutti i peccatori. Benché il peccato sia un abisso di cattiveria e d'ingratitudine, tuttavia il prezzo pagato per noi è assolutamente incomparabile. Pertanto ogni anima abbia fiducia nella Passione del Signore, speri nella Misericordia. Iddio non nega a nessuno la Sua Misericordia, il cielo e la terra possono cambiare, ma la Misericordia di Dio non si esaurisce. Oh! quale gioia arde nel mio cuore, quando considero questa Tua incomprensibile bontà, o Gesù mio. Voglio condurre ai Tuoi piedi tutti i peccatori, affinché lodino la Tua Misericordia per i secoli infiniti»[123].

La misericordia è un atteggiamento fondamentale dell'uomo. Non a caso equipariamo la mancanza di misericordia alla mancanza di umanità. Chi di fronte al dolore, chi patisce, com-patisce, si comporta da vero uomo. Chi si prende gioco del dolore, si comporta in modo disumano. In questo senso la Misericordia di Gesù ha tratti semplicemente umani[124].

---

[121]F. KOWALSKA, *Diario*, p. 629.
[122]Cf. A. G. ALBERICO - E. BIANCHI - G. ZEVINI, *Peccato e misericordia*, EDB, Bologna 1994, p. 244.
[123]F. KOWALSKA, *Diario*, p. 94.
[124]Cf. G. CIONCHINI - R. TISOT - S. TOGNETTI, *Gesù confido in Te*, pp. 21-24.

Santa Faustina si rende conto della sua miseria e del bisogno della Misericordia di Dio, infatti, dice: «O mio Gesù, in segno di riconoscenza per tante grazie, Ti offro l'anima ed il corpo, l'intelletto e la volontà e tutti i sentimenti del mio cuore. Coi voti mi sono data tutta a Te, non ho più nulla da poterti offrire. Gesù mi disse: "Figlia Mia, non Mi hai offerto quello che è effettivamente tuo". Mi concentrai in me stessa e mi resi conto che amavo Iddio con tutte le forze della mia anima e, non riuscendo a conoscere che cos'era che non avevo dato al Signore, domandai:"Gesù, dimmelo e Te lo do immediatamente con generosità di cuore". Gesù mi disse con amabilità: "Figlia, dammi la tua miseria, che è l'unica tua esclusiva proprietà". In quel momento un raggio di luce rischiarò la mia anima e conobbi tutto l'abisso della mia miseria. In quello stesso istante mi strinsi al Sacratissimo Cuore di Gesù con tanta fiducia che, anche se avessi avuto sulla coscienza i peccati di tutti i dannati, non avrei dubitato della Divina Misericordia, ma col cuore ridotto in polvere, mi sarei gettata nell'abisso della Tua Misericordia. Credo, Gesù, che non mi avresti respinta da Te, ma mi avresti assolta per mano di un Tuo rappresentante»[125].

Nella croce di Cristo, i credenti sono stati liberati una volta per tutte dalle potenze maligne, dal peccato e dalla morte. Le ansietà e le paure non vengono meno, ma sono situate in un contesto nel quale la speranza escatologica promette un'espiazione ed una liberazione divina. La fede nella misericordia di Dio, donata in Cristo, prende il posto dell'istinto di propiziarsi l'ira divina o di andare in cerca di ulteriori intermediari[126].

Suor Faustina supplicava Dio con le parole seguenti: «Eterno Padre, io Ti offro il Corpo e il Sangue, l'Anima e la Divinità del Tuo dilettissimo Figlio e Nostro Signore Gesù Cristo in espiazione dei nostri peccati e di quelli del mondo intero»[127].

Dio uno e trino entra nel destino del mondo e accoglie le sue creature nella vitalità del proprio amore e ad esse partecipa la sua vita eterna. Dio libera alla vita eterna attraverso il suo amore sofferente e misericordioso. La misericordia è divina, non la potenza, non lo strapotere e nemmeno l'onnipotenza del patriarcalismo. Questa misericordia tutto sopporta e tutto spera, e in tal senso è onnipotente[128].

Nella sua vita intima Dio è "amore", amore essenziale, comune alle tre divine Persone: amore personale è lo Spirito Santo, come Spirito del Padre e del Figlio. Per questo, Egli "scruta le profondità di Dio", come amore-dono increato. Si può dire che nello Spirito Santo la vita intima del Dio uno e trino si fa tutta dono, scambio di reciproco amore tra le divine Persone, e che per lo Spirito Santo Dio "esiste" a modo di dono. È lo Spirito Santo l'espressione personale di un tale donarsi, di questo

---

[125]F. KOWALSKA, *Diario*, pp. 702-703.
[126]Cf. D. N. POWER, *Il Misero Eucaristico*, Queriniana, Brescia 1997, p. 401.
[127]F. KOWALSKA, *Diario*, p. 328.
[128]Cf. J. MOLTMAN, *Nella storia del Dio Trinitario*, Queriniana, Brescia 1993, p. 56.

essere-amore. È Persona - amore. È Persona - dono. Abbiamo qui una ricchezza insondabile della realtà e un approfondimento ineffabile del concetto di persona in Dio, che solo la Rivelazione ci fa conoscere. Al tempo stesso, lo Spirito Santo, in quanto consustanziale al Padre e al Figlio nella divinità, è amore e dono (increato), da cui deriva, come da fonte, (*fons vivus*) ogni elargizione nei riguardi delle creature (dono creato): la donazione dell'esistenza a tutte le cose mediante la creazione; la donazione della grazia agli uomini mediante l'intera economia della salvezza[129]. Come scrive l'apostolo Paolo: «l'amore di Dio è stato riversato nei nostri cuori per mezzo dello Spirito Santo, che ci è stato dato» (*Rm* 5,1-5).

Nell'ultimo giorno dell'anno 1934 suor Faustina durante l'adorazione del Santissimo prega così: «O Ostia Santa, in cui è contenuta la Misericordia del Padre, del Figlio e dello Spirito Santo verso di noi, ma specialmente verso i poveri peccatori. O Ostia Santa, in cui è contenuto il prezzo infinito della Misericordia, che ripagherà tutti i nostri debiti, ma specialmente quelli dei poveri peccatori. O Ostia Santa, in cui è contenuta la sorgente di acqua viva, che scaturisce dalla Misericordia infinita per noi, ma specialmente per i poveri peccatori. O Ostia Santa, in cui è contenuto il fuoco dell'amore più puro, che arde dal seno dell'Eterno Padre, come da un abisso di Misericordia infinita per noi, ma specialmente per i poveri peccatori»[130].

3.3 Il Cuore Misericordioso di Gesù

Suor Faustina mostra Gesù Misericordioso con le cicatrici visibili delle ferite, mostra Gesù che senza posa va incontro ai peccatori pentiti, portando loro i frutti della sua salvifica Passione. Ricorda che proprio Gesù Misericordioso è colui che agisce *hic et nunc* fine alla fine della storia di ogni singola persona e di tutta l'umanità. Ricorda proprio che la Croce è anche la porta alla vita eterna. La mistica polacca mostra la via che conduce attraverso la Croce, alla Risurrezione, attraverso la fiducia alla Misericordia, attraverso la contrizione al perdono, attraverso l'olocausto alla salvezza. «Sia san Paolo che l'evangelista Giovanni vedono l'amore del Crocifisso che travalica nell'intimo della vita del credente per cui Paolo proclama di "essere con Cristo trafitto in croce", ma questa crocifissione genera in lui la vita stessa di Cristo Risorto»[131].

Una delle più grandi manifestazioni della Misericordia di Dio nella storia è la

---

[129] *Ibidem.*
[130] F. KOWALSKA, *Diario*, p. 263.
[131] M. BORDONI, *Gesù di Nazaret Signore e Cristo*, p. 145.

Sua pazienza nei confronti di coloro che perdono la speranza, peccando di sfiducia. Dio non si affretta a condannare i peccatori, ma aspetta sempre il loro ritorno, Cristo con grande tenerezza chiede a Faustina di trasmettere questo consiglio:[132] «Di all'umanità sofferente, che si stringa al Mio Cuore Misericordioso e Io la colmerò di pace»[133].

Per capire il significato sopranaturale del Sacro Cuore, bisogna innanzitutto capire perché Dio ha scelto il cuore come simbolo e oggetto di questa devozione. Che cosa è, infatti il Cuore?[134]

Nell'Antico Testamento, organi del corpo umano vengono spesso impiegati per indicare atteggiamenti fondamentali dell'uomo o anche i sentimenti di Dio, così come cuore o cervello sono ancora oggi impiegati per esprimere qualche aspetto della nostra esistenza. In questo modo l'Antico Testamento illustra gli atteggiamenti dell'esistenza non con termini astratti, ma con il linguaggio di immagini tratte dal corpo[135].

Nel linguaggio della Bibbia, il *cuore* viene inteso proprio in questo senso simbolico e spirituale: ossia come principio e centro della intera vita umana. Per questo Dio esorta i fedeli dicendo: «rivolgete sinceramente all'Altissimo il vostro cuore e servite a Lui soltanto» (*1Re* 7,3), e il salmista gli risponde con questa preghiera: «Crea in me un cuore puro, o Dio, e rinnova in me un saldo spirito» (*Sal* 51,22).

La parola cuore deriva dal greco *kardìa* e questo dalla radice linguistica indoeuropea *kard* che significa *centro*. Dal punto di vista fisico, il *cuore* è semplicemente il centro della vita vegetativa, motore del sistema circolatorio; ma dal punto di vista psicologico è un centro della vita sensitiva, perché su di esso si ripercuote l'intero sistema nervoso; infine dal punto di vista spirituale, il cuore è il centro segreto della persona, del suo mondo interiore, dell'anima, l'amore che la muove[136].

Il mistero dell'Amore che sgorga dal cuore del Padre si rivela a noi attraverso l'incarnazione del Figlio di Dio. Il cuore di Cristo è il segno più denso e trasparente (il sacramento) di quella meravigliosa e insondabile ricchezza d'Amore, che nessun anelito umano potrà mai intaccare né mai esaurire. Durante l'anno liturgico ci propone una solennità particolare per adorare e contemplare il cuore di Cristo, ma la teologia del Sacro Cuore invade tutto l'anno liturgico, così come essa sta al centro nel messaggio cristologico di tutta la rivelazione[137].

[132]L. GRYGIEL, *Misericordia Divina per il mondo intero*, p. 400.
[133]F. KOWALSKA, *Diario*, pp. 603-604.
[134]Cf. G. VIGNELLI, *Il Sacro Cuore - salvezza delle famiglie e della società*, Luci sull'Est, Roma 2004, p. 87.
[135]Cf. J. RATZINGER - BENEDETTO XVI, *Gesù di Nazaret*, LEV, Città del Vaticano 2007, p. 169.
[136]Cf. G. VIGNELLI, *Il Sacro Cuore- salvezza delle famiglie e della società*, p. 87.
[137]Cf. C. GHIDELLI, *Cuore a cuore - riflessioni bibliche,* Vita e pensiero, Milano 2000, p. 101.

Con «l'incarnazione il Figlio di Dio si è unito in certo modo ad ogni uomo. Ha lavorato con mani d'uomo, ha pensato con intelligenza d'uomo, ha agito con volontà d'uomo, ha amato con cuore d'uomo. Nascendo da Maria vergine, egli si è fatto veramente uno di noi, in tutto simile a noi fuorché il peccato» (*GS* 22).

Il Cuore di Gesù di Nazaret, in quanto vero cuore umano, va considerato come il *centro* della sua Persona, la fonte della sua vita spirituale, la sede della sua vita affettiva, il principio determinante e unificatore dei suoi desideri, intenzioni e decisioni.

Tuttavia Gesù di Nazaret non è un uomo qualunque, ma è l'Uomo-Dio, «nel quale abita corporalmente l'intera pienezza della divinità» (*Col* 2,9). Quello di Gesù non è un cuore qualunque, ma è un cuore umano ipostaticamente unito alla Persona del Verbo Divino. Per estensione, Esso indica l'intera Persona umano-divina di Gesù, manifestandoci «le profondità di Dio» (*1Cor* 2,10)[138].

La Chiesa sembra professare in modo particolare la misericordia di Dio e venerarla rivolgendosi al Cuore di Cristo. Infatti, proprio l'accostarci a Cristo nel mistero del suo Cuore ci consente di soffermarci su questo punto - in un certo senso centrale e, nello stesso tempo, più accessibile sul piano umano - della rivelazione dell'amore misericordioso del Padre, che ha costituito il contenuto centrale della missione messianica del Figlio dell'Uomo.

«Qualche volta è bene rifugiarsi nella ferita del Cuore di Gesù: ci spiega suor Faustina nel suo "Diario"; non rispondendo nemmeno una parola: per quell'atto stesso il nemico è già sconfitto. In tempo di pace l'anima si sottopone a sforzi come fa in tempo di battaglia. Deve esercitarsi e molto; diversamente nemmeno parlare di vittoria»[139].

Vari documenti della Chiesa insistono sullo scopo di questa devozione: riportare la vita cristiana all'essenziale, centrare la nostra vita e la nostra fede nel nucleo essenziale del cristianesimo. Il cristianesimo è dall'inizio alla fine un mistero di amore. Essere cristiano che cosa significa in definitiva se non "credere all'amore di Dio per noi" e consentire a questo amore di espandersi e di suscitare una risposta d'amore? (cf. *1 Gv* 4,16-19). «L'amore è, prima di tutto, creatore: dà vita ed esistenza a ciò che non esisteva. La procreazione e la cura dei figli sono l'esempio più classico di questa proprietà generatrice dell'amore»[140].

Il cuore è la realtà intima e unificante che evoca il mistero, resiste a tutte le analisi, è la legge silenziosa più potente di ogni organizzazione e utilizzazione tecnica dell'uomo. Cuore indica il luogo dove il mistero dell'uomo trascende nel mistero di Dio; là la vuota infinitudine che egli esperimenta dentro di sé grida e invoca la

---

[138]Cf. G. VIGNELLI, *Il Sacro Cuore - salvezza delle famiglie e della società*, p. 88.

[139]F. KOWALSKA, *Diario*, p. 152.

[140]G. O'COLINS, *Cristologia - uno studio biblico, storico e sistematico su Gesù Cristo*, p. 286.

infinita pienezza di Dio. Evoca il cuore trafitto, il cuore angosciato, spremuto, morto. Dire cuore significa dire amore, l'amore inafferrabile e disinteressato, l'amore che vince nell'inutilità, che trionfa nella debolezza che, ucciso, dà la vita, l'amore che è Dio. Con questa parola si proclama che Dio è là dove si prega: "*Dio mio, perché mi hai abbandonato*?". Con la parola cuore si nomina qualcosa che è totalmente corporeo e tuttavia è tutto in tutto, al punto che si possono contare i suoi battiti e ci si può fermare in un pianto beato perché non è più necessario andare avanti dal momento che si è trovato Dio. Chi può negare che in questa parola noi ritroviamo noi stessi, il nostro destino e il modo proprio dell'esistenza cristiana che ci è imposto come peso o grazia insieme, e assegnato come nostra missione?

«Ti saluto, misericordioso Cuore di Gesù»; scrisse santa Faustina nel suo "Diario": «Viva sorgente di ogni grazia, Unico rifugio ed asilo per noi. In Te ho la luce della mia speranza. Ti saluto, Cuore pietosissimo del mio Dio, Illimitata e viva sorgente d'amore, da cui sgorga la vita per i peccatori, E sei fonte di ogni dolcezza. Ti saluto, o Ferita aperta nel Sacratissimo Cuore, dal quale sono usciti i raggi della Misericordia da cui ci è dato attingere la vita, unicamente col recipiente della fiducia. Ti saluto, o imperscrutabile»[141].

Gesù ci ha conosciuti e amati, tutti e ciascuno, durante la sua vita, la sua agonia e la sua passione, e per ognuno di noi si è offerto: «Il Figlio di Dio mi ha amato e ha dato se stesso per me» (*Gal* 2,20). Ci ha amati tutti con un cuore umano. Per questo motivo, il sacro Cuore di Gesù, trafitto a causa dei nostri peccati e per la nostra salvezza, (cf. *Gv* 19,34) *praecipus consideratur index et symbolus illius amoris, quo divinus Redemptor aeternum Patrem hominesque universos continenter adamat* - è considerato il segno e simbolo principale di quell'infinito amore, col quale il Redentore divino incessantemente ama l'eterno Padre e tutti gli uomini[142].

«Dal fianco di Cristo morto in croce si è formata la Chiesa, perché si adempisse la Scrittura che dice: «volgeranno lo sguardo a colui che hanno trafitto» (*Gv* 19,37), per divina disposizione è stato permesso che un soldato trafiggesse e aprisse quel sacro costato. Ne uscì sangue ed acqua, prezzo della nostra salvezza. Lo sgorgare da una simile sorgente, cioè dal segreto del cuore, dà ai sacramenti della Chiesa la capacità di conferire la vita eterna ed è, per coloro che già vivono in Cristo, bevanda di fonte viva «che zampilla per la vita eterna» (*Gv* 4,14). Sorgi, dunque, o anima amica di Cristo. Sii come colomba «che pone il suo nido nelle pareti di una gola profonda» (*Ger* 48,28). Come «il passero che ha trovato la sua dimora» (*Sal* 83,4*)*, non cessare di vegliare in questo santuario. Ivi, come tortora, nascondi i tuoi piccoli, nati da un casto amore. Ivi accosta la bocca per attingere le acque dalle

[141]F. KOWALSKA, *Diario*, p. 704.
[142]*Catechismo della Chiesa Cattolica* (Pio XII, Lett. enc. *Haurietis aquas*: Denz.-Schönm., 3924; cf. Id., Lett. enc. Mystici Corporis: *ibid.*, 3812), p. 134.

sorgenti del Salvatore (cf. *Is* 12,3)»[143].

Non c'è dubbio che Giovanni vuole qui riferirsi ai due sacramenti principali della Chiesa - il Battesimo e l'Eucaristia - che sgorgano dal cuore aperto di Gesù e con i quali, in questo modo, la Chiesa nasce dal suo costato[144].

«La sorgente della Mia Misericordia venne spalancata dalla lancia sulla croce per tutte le anime; spiega Cristo a suor Faustina: non ho escluso nessuno»[145]. Da qui infatti scaturisce la sorgente che scende dal centro del paradiso, la quale, divisa in quattro fiumi (cf. *Gn* 2,10) e, infine, diffusa nei cuori che ardono di amore, feconda ed irriga tutta la terra. Corri a questa fonte di vita e di luce con vivo desiderio, chiunque tu sia, o anima consacrata a Dio, e con l'intima forza del cuore grida a lui: O ineffabile bellezza del Dio eccelso, o splendore purissimo di luce eterna! Tu sei vita che vivifica ogni vita, luce che illumina ogni luce e che conserva nell'eterno splendore i multiformi luminari che brillano davanti al trono della tua divinità fin dalla prima aurora.

Il cuore di Gesù è il messaggio biblico dell'amore misericordioso del Padre che, fin dalle prime pagine della Bibbia, manifesta di essere un Dio d'amore (cf. *Es* 34,1-4); è il messaggio dell'amore sacrificale del Figlio, che ha dato se stesso per noi (cf. *Gal* 2,20); è il messaggio dello Spirito-Amore che arde nei nostri cuori e sussurra gemiti d'amore (cf. *Rm* 8,26-27). Gesù indica a ciascuno di noi il suo cuore come sede dell'amore misericordioso e come sorgente di ogni benedizione e grazia[146].

«O eterno e inaccessibile, splendido e dolce fluire di fonte nascosta agli occhi di tutti i mortali! La tua profondità é senza fine, la tua altezza senza termine, la tua ampiezza è infinita, la tua purezza imperturbabile! Da te scaturisce il fiume che rallegra la città di Dio» (*Sal* 45, 5), perché «in mezzo ai canti di una moltitudine in festa» (*Sal* 41, 5) possiamo cantare cantici di lode, dimostrando, con la testimonianza, dell'esperienza, che in te è la sorgente della vita e alla tua luce vediamo la luce» (*Sal* 35, 10).

Il dono permanente dello Spirito vivificante, grazie alla nuova economia sacramentale, che entra in azione dopo la partenza di Cristo, non solo assume il significato fondamentale della scena della trafittura di Cristo, ma è il fiume d'acqua viva che non cesserà di fluire dal fianco trafitto del Cristo per santificare le membra della Chiesa. È in questa prospettiva, ancora, che l'Apocalisse parla del «fiume d'acqua viva, limpida come cristallo, che scaturiva dal trono di Dio e dall'Agnello» (*Ap* 22,2). Il fiume, sintesi delle acque paradisiache (*Gn* 2,10) e delle acque

---

[143]Cf. M. SOPOĆKO, *Poznajmy Boga w Jego Miłosierdzu*, Ed. Wydawnictwo Pallottinum, Poznań (Polonia) 1949, pp. 96-99 (La traduzione dal polacco è mia; titolo; *Posiamo conoscere Dio nel la Sua Misericordia)*.
[144]J. RATZINGER - BENEDETTO XVI, *Gesù di Nazaret*, p. 284.
[145]F. KOWALSKA, *Diario*, p. 640.
[146]Cf. C. GHIDELLI, *L'icona del Sacro Cuore*, S. p. A. Tip. Sociale, Monza 2000, pp. 10-11.

messianiche, fonte di vita (*Ez* 47,1-12), richiama Giovanni 7,37-39 circa il dono futuro della Spirito. Tale dono è offerto, insieme, dal Padre e dall'Agnello che simboleggia il Crocifisso esaltato: nella letteratura giovannea, l'acqua della vita significa insieme il sacramento della rinascita ed il dono della Spirito Santo. Il Cuore di Cristo crocifisso e risorto è la fonte inesauribile di grazia da cui ogni uomo può attingere sempre - amore, verità, misericordia[147]. L'apostola della Divina Misericordia, suor Faustina scrisse: «dal suo Cuore uscivano dei raggi di fuoco, alcuni dei quali erano diretti verso il cielo, mentre gli altri coprivano la nostra terra»[148].

Gesù, morendo sulla croce, apre il passaggio allo Spirito Santo che ora si effonde in abbondanza sulla Chiesa, così come la simbologia dell'acqua mista a sangue che sgorga dal costato di Gesù Cristo vuole significare. Il rapporto *Spirito-tempo della Chiesa*, trova nell'evento pasquale il suo asse focale; qui si avverano quelle promesse collocate redazionalmente prima di pasqua (*Gv* 14-16), ma anche di fatto si riferiscono al tempo della Chiesa, la quale trova la sua origine nell'evento della glorificazione del Crocifisso[149].

La preghiera della Chiesa venera e onora il Cuore di Gesù, come invoca il suo santissimo Nome. «Essa adora il Verbo incarnato e il suo Cuore che, per amore degli uomini, si è lasciato trafiggere dai nostri peccati. La preghiera cristiana ama seguire la via della croce (Via Crucis) sulle orme del Salvatore. Le stazioni dal Pretorio al Golgota e alla Tomba scandiscono il cammino di Gesù, che con la sua santa Croce ha redento il mondo»[150]. «Il dono dello Spirito Santo apertamente affermato già a partire dall'evento della Croce, quale suprema rivelazione dell'amore divino che si effonde penetrando nel cuore dei credenti e facendo loro assimilare la rivelazione di amore del Figlio, non riguarda solo tale avvenimento»[151].

Così di fatto, *nella croce*, la finitudine della creatura incontra e accetta, nel tempo, l'infinito abisso dell'amore che è Dio; e Dio incontra e accetta, nell'eternità, la finitudine che è la creatura. Il mistero rimane. Solo se saremo raccolti del tutto nel cuore del Padre potremo comprenderlo[152].

Lo Spirito Santo in un certo senso "sintonizza" il cuore dell'uomo con il cuore aperto del Crocifisso, rendendo possibile l'inter-comunione di amore tra lui e gli uomini. «Lo Spirito *exstasis* della comunione inter-personale del Padre e del Figlio, è

---

[147]C. GHIDELLI, *L'icona del Sacro Cuore*, p. 16.
[148]F. KOWALSKA, *Diario*, p. 64.
[149]Cf. N. CIOLA, *Teologia Trinitaria, Storia - Metodo - Prospettive*, EDB, Bologna 2000, p. 164.
[150]*Catechismo della Chiesa Cattolica*, p. 647.
[151]M. BORDONI, *Gesù di Nazaret Signore e Cristo*, pp. 136-137.
[152]Cf. G. M. ZANGHÍ, *Dio che è Amore - Trinità e vita in Cristo*, Città Nuova, Roma 2004, p. 114.

anche il luogo personale della comunione inter-personale tra i credenti in Lui, Colui nel quale è possibile l'incontro con il Risorto»[153].

«O Misericordioso Cuore di Gesù; scrisse santa Faustina: aperto dalla lancia, nascondimi nell'ultima ora della morte. O Sangue e Acqua, che scaturisti dal Cuore di Gesù, come sorgente d'insondabile Misericordia per me, o Gesù agonizzante, ostaggio di Misericordia, mitiga l'ira di Dio nell'ora della mia morte»[154]. «Soltanto il cuore di Cristo, che conosce le profondità dell'amore di suo Padre, ha potuto rivelarci l'abisso della sua misericordia in una maniera così piena di semplicità e di bellezza»[155].

Nel "Diario" troviamo un bellissimo dialogo tra Gesù e suor Faustina, dove la mistica comprende meglio il progetto salvifico per mezzo del Cuore pietoso di Gesù: «O Gesù, desidero vivere nel momento presente, vivere come se questo giorno fosse l'ultimo della mia vita: utilizzare scrupolosamente ogni attimo per la maggior gloria di Dio, sfruttare per me ogni circostanza, in modo che la mia anima ne ricavi un profitto. Guardare ad ogni cosa da questo punto di vista, e cioè che nulla avviene senza il volere di Dio. O Dio d'insondabile Misericordia, abbraccia il mondo intero e riversati su di noi per mezzo del Cuore pietoso di Gesù. In un momento passato da parecchio tempo. La sera vidi Gesù Crocifisso. Dalle mani, dai piedi e dal costato colava il Sacratissimo Sangue. Dopo un momento Gesù mi disse: Tutto questo per la salvezza delle anime. Rifletti, figlia Mia, su quello che fai tu per la loro salvezza. Risposi: Se guardo, Gesù, la Tua Passione, io non faccio quasi nulla per salvare le anime. E il Signore mi disse: Sappi, figlia Mia, che il tuo quotidiano silenzioso martirio nella totale sottomissione alla Mia volontà, conduce molte anime in paradiso, e quando ti sembra che la sofferenza oltrepassi le tue forze, guarda le Mie Piaghe, e t'innalzerai al di sopra del disprezzo e dei giudizi degli uomini. La meditazione sulla Mia Passione ti aiuta a sollevarti al di sopra di tutto. Compresi molte cose, che prima non ero riuscita a capire»[156].

La Chiesa sembra professare in modo particolare la misericordia di Dio e venerarla rivolgendosi al Cuore di Cristo. Infatti, proprio l'accostarci a Cristo nel mistero del suo Cuore ci consente di soffermarci su questo punto - in un certo senso centrale e, nello stesso tempo, più accessibile sul piano umano - della rivelazione dell'amore misericordioso del Padre, che ha costituito il contenuto centrale della missione messianica del Figlio dell'Uomo[157].

---

[153] N. CIOLA, *Cristologia e Trinità*, p. 25.
[154] F. KOWALSKA, *Diario*, p. 488.
[155] *Catechismo della Chiesa Cattolica*, p. 373.
[156] F. KOWALSKA, *Diario*, p. 641.
[157] GIOVANNI PAOLO II, Lettera Enciclica: *Dives in misericordia*, LEV, Città del Vaticano, 1980, p. 62.

3.4 *Una sorprendente continuità*

Si può affermare che le rivelazioni private, anche se sono concesse ad anime elette distanti nel tempo o nello spazio, posseggono sempre connessioni a dir poco sorprendenti, poiché la regìa che le determina è unica. Ciò vale anche per la spiritualità e la missione ecclesiale di Suor Faustina, in rapporto ad altre due figure mistiche totalmente consacrate a celebrare l'Amore e la Misericordia del Signore: cioè, santa Margherita Maria Alacoque (1647-1690)[158]; e Madre Speranza Alhama Valera (1893-1983).

Nei confronti di santa Margherita - *l'apostola del Sacro Cuore* -, al di là della distanza storica, è possibile riscontrare una evidente analogia nella missione ecclesiale e una evidente continuità nelle rivelazioni ricevute.

a) L'analogia nella missione.

Entrambe sono promotrici della devozione verso una particolare immagine sacra; e della istituzione di una specifica festa liturgica da celebrarsi con solennità in tutta la Chiesa: «santa Margherita in onore del Sacratissimo Cuore di Gesù; suor Faustina in onore della sua Divina Misericordia»[159].

b) La continuità nella rivelazione.

Entrambe scrutano da vicino il Mistero Divino, che è riflesso in tutto il suo splendore sul Volto del Redentore, e ne contemplano l'infinita grandezza da prospettive distinte e complementari: la mistica francese evidenzia l'Amore ardente del Signore, simboleggiato dal suo Cuore infiammato di Carità e ferito dalle ingratitudini degli uomini; la mistica polacca evidenzia la sua sconfinata Misericordia, simboleggiata dai due raggi che si effondono dal Cuore squarciato, offrendo a tutti la riconciliazione e la vita attraverso l'azione sacramentale della

---

[158]Santa Margherita Maria Alacoque naque il 22 luglio 1647 a Lautecour, nella diocesi di Autun. Il padre, regio notaio, morì giovane lasciando una famiglia numerosa. Margherita ricevette l'abito dell'Ordine delle Visitandine di Paray-le-Monial il 6 novembre 1672. Già agli inizi della sua vita religiosa fu oggetto di sorprendenti fenomeni mistici sotto forma di rivelazioni. La cronaca ne registrò un'ottantina. Poiché la *Regola* delle visitandine fu nettamente contraria a simili fenomeni poiché privilegiava il totale annientamento di sé nella semplicità della vita quotidiana, Margherita fu ritenuta un'eccentrica, cominciò ad essere perseguitata. Finalmente, nel 1686, la comunità accoglie le rivelazioni di Margherita al punto da introdurre nel monastero la nuova forma di devozione al Sacro Cuore di Gesù, oggetto delle rivelazioni a Margherita. Dal 1687 tale devozione cominciò a diffondersi anche fuori del monastero. Nel 1765 la festa del Sacro Cuore fu istituzionalizzata nel calendario, grazie all'approvazione di Papa Clemente XIII (1769). Margherita morì il 16 ottobre 1690 a quarantatre anni, lasciando oltre ad un'autobiografia, 149 *Lettere* e altri scritti minori. Tutto questo materiale fu raccolto in tre volumi: *Vie et oeuvres de S. Marguerite Marie Alacoque*, L. GAUTHEY, Paris 1920; cf. *S. Margherita M. Alacoque, Autobiografia*, Roma 1983; R. DE SOLA CHERVIN, *Donne sante*, LEV, Città del Vaticano 1995, pp. 283-284; J. LADAME, *Margherita Maria Alacoque*, Roma 1982.
[159]M. E. SIEPAK, *Gesù, confido in Te!*, pp. 22-25.

Chiesa. Così il messaggio rivelato a Paray-le-Monial nella seconda metà del '600 si sviluppa ulteriormente: la Misericordia infatti è come "il secondo nome dell'Amore" (cf. *DM* 7).

Nei confronti di Madre Speranza[160] - *l'apostola dell'Amore Misericordioso* -, al di là della separazione geografica, è possibile riscontrare una stretta successione cronologica e una stretta connessione teologica.

a) La successione cronologica.

Entrambe ricevono le rivelazioni fondamentali a ridosso dell'anno 1930: la mistica spagnola ammira in visione *il Crocifisso dell'Amore Misericordioso*, a Madrid, nel dicembre del 1929; la mistica polacca contempla *il Quadro del Gesù Misericordioso*, a Płock, nel febbraio del 1931[161].

b) La connessione teologica.

Entrambe evidenziano il primato in Dio della sua volontà di salvezza nei confronti di ogni uomo, e quindi la prevalenza dell'Amore nei confronti della Giustizia, così come è attestato nella morte e risurrezione del Signore: *il Crocifisso* di Madre Speranza *invoca* per tutti il perdono al cospetto del Padre Celeste, in forza dell'immolazione del Venerdì santo; *il Quadro* di Suor Faustina *elargisce* a tutti il perdono attraverso il ministero apostolico, in forza della vittoria della Pasqua sul peccato e sulla morte. Così il Cuore che sul *Crocifisso* attesta l'ardente carità del Redentore, nel *Quadro* può effondere sul mondo intero la riconciliazione e la pace.

Dunque: le anime mistiche, pur se distanti nel tempo o nello spazio, non sono mai in antitesi tra di loro; al contrario, esse appaiono sempre inserite in un disegno molto più ampio che le abbraccia e le contiene. Davvero, esse sono come *gocce*

---

[160]Beata Madre Speranza di Gesù, fondatrice dei Figli e delle Ancelle dell'Amore Misericordioso Madre Speranza, primogenita di 9 fratelli, come risulta dai registri parrocchiali, nacque il 29 settembre 1893 in Spagna, a Santomera (Murcia), e fu battezzata nello stesso giorno; sui documenti civili, invece, è riportata la data del 30 settembre, giorno in cui di fatto si festeggiava il compleanno di Madre Speranza Le fu imposto il nome di María Josefa, forse per attenzione alla nonna paterna che portava questo nome. All'età di dodici anni, come raccontò la stessa Madre Speranza, avvenne un episodio che vedeva protagonista Santa Teresa del Bambino Gesù e che influì in un modo determinante nella sua spiritualità e diede un indirizzo alla sua vita. Questa la esortò ad impegnarsi per diffondere nel mondo la devozione dell'Amore Misericordioso, come anche lei aveva fatto in tutta la sua vita. Ormai religiosa, probabilmente dalla seconda metà degli anni 20, Madre Speranza collaborò con il Padre Juan Gónzalez Arintero per la devozione all'Amore Misericordioso. che si stava diffondendo nel mondo. Per Madre Speranza questa fu un'esperienza vitale, che segnò e diede l'impronta a tutta la sua esistenza e alla sua missione. Ma anche per lei sarà un graduale cammino, al quale il Signore la spronerà perché diventi sempre più trasparenza del suo amore e della sua misericordia, come ella stessa scrisse nel suo diario il 7 febbraio del 1928. Per mantenere l'anonimato anche Madre Speranza firmò i suoi scritti con lo pseudonimo *Sulamitis*. Per il Padre Arintero e Madre Speranza, creature scelte dal Signore per divulgare la devozione e la dottrina dell'Amore Misericordioso, non si trattò certamente di inventare una dottrina nuova, ma di raccogliere la preziosa eredità di tanti altri che, nel corso dei secoli, furono chiamati dal Signore a preparare, per questi nostri tempi, una particolare rivelazione della misericordia di Dio. Emerge da tutto questo un'idea dell'infinito amore di Dio per l'uomo che, nel suo provvidenziale disegno di salvezza, grazie alla generosità di tante creature, nel corso dei secoli, è andato annunciando la manifestazione della sua infinita misericordia: cf. D. CANCIAN, *Considerazioni sulla personalità della Madre Speranza*, l'Amore Misericordioso, Collevalenza 1997, pp. 3-15.

[161]G. CIONCHINO - R. TISOT - S. TONGETTI, *Gesù confido in Te*, pp. 42-45.

d'acqua all'interno di una sorta di *onda lunga* che si viene a produrre nel mare della storia sotto il soffio potente dello Spirito; esse sono come *parallele che convergono all'infinito*, cioè in Dio[162].

[162]M. E. SIEPAK *Gesù, confido in Te!*, pp. 26-28.

Capitolo IV

Chiesa luogo di misericordia e il cristianesimo rigenerato dalla misericordia di Dio

La Chiesa[163] è il Cristo presente e nascosto; la Chiesa è Dio che continua a mettere Se stesso in comune con noi (l'Emmanuele - Dio è con noi); la Chiesa è Cristo che continua a condividere la nostra vita, «fino alla consumazione dei secoli» (*Mt* 28,20). Creazione, Incarnazione, Chiesa: sono insieme, la fondamentale rivelazione di Dio, cioè dell'Essere, il quale, come appare dal Mistero della Trinità, è Vita come amore[164].

Teniamo presente che la parola "cattolico" (l'avverbio χαθόλον e il relativo aggettivo più recente χαθολιχός, (reso in latino con il corrispettivo *catholicus* o con *universalis*) significa ordinato o rivolto al tutto, e cioè universale. Nel greco classico il termine è impiegato soprattutto per distinguere le proposizioni universali in opposizione agli individuali, la storia universale o mondiale. Nel Nuovo Testamento, la Chiesa non è mai nominata come "cattolica", ma l'aggettivo cattolico diviene avverbio una sola volta (cf. *Atti* 4,17) nel senso di "interamente", "totalmente", "completamente." La presente argomentazione non è certo rivolta contro l'uso di tale parola, però le numerose interpretazioni sorte intorno a questo attributo della Chiesa, è senza dubbio legato al fatto che il Nuovo Testamento non usa tale concetto[165].

La parola Chiesa condensa in sé, come in un punto focale, tutta la ricchezza, l'originalità, la verità della religione e dei destini umani. Se la chiamata viene da Dio, sua è l'iniziativa, suo il piano che ne risulta, suo l'amore che subito in esso si rivela[166].

«La Chiesa è innanzitutto presenza come *comunità confessante*, colei che professa la misericordia di Dio e la proclama» (*DM* 13) e così facendo "accosta gli

[163]Con il termine "Chiesa" (gr. "cosa" o "edificio" che appartiene al Signore) si intende la Comunità fondata da Gesù Cristo e unta dallo Spirito Santo come il segno decisivo della volontà di Dio di salvare l'intera famiglia umana. La presenza di Dio che dimora tra gli uomini è espressa nella predicazione, nella vita sacramentale, nel ministero pastorale e nell'organizzazione di questa Comunità che consiste in una comunione di Chiese locali su cui presiede la Chiesa di Roma.

[164]Cf. L. GIUSSANI, *Tracce d'esperienza cristiana*, Jaca Book, Milano 1983, p. 152.

[165]Cf. H. KÜNG, *La chiesa*, Queriniana, Brescia 1967, p. 343.

[166]PAOLO VI, *Insegnamenti di Paolo VI,* VII-1970, Tipografia Poliglotta Vaticana, Città Del Vaticano 1971, p. 442.

uomini alle fonti della misericordia del Salvatore, di cui essa è depositaria e dispensatrice".

la Chiesa rinnova continuamente questa professione di fede,[167] il servizio di carità, ricorrendo soprattutto a due fonti inesauribili: -alla parola di Dio costantemente meditata; - ai sacramenti, in modo cosciente e maturo.

La Chiesa, dunque, non ha nulla da dire di se stessa; tutto l'oggetto della sua predicazione è l'amore misericordioso di Dio, che si manifesta in Cristo Gesù. « La Chiesa non può non fare questa confessione, sull'esempio di Pietro e degli Apostoli che, pur sotto le minacce dei loro avversari, dicevano: «noi non possiamo non parlare di quelle cose abbiamo veduto e udito» (*At* 4,20)»[168].

Il primo sacramento che fonda la Chiesa è il battesimo, come grande sacramento della remissione, ma con lo sguardo rivolto al sacramento della penitenza, che produce una poderosa inversione di rotta per la modifica totale della nostra vita[169].

Santa Faustina rivela il suo profondo pensiero sulla Chiesa nel brano del suo "Diario": «O Chiesa di Dio, tu sei la migliore delle madri. Tu sola sai educare e far crescere le anime. Oh! quanto amore e quanta venerazione ho per la Chiesa, per la migliore delle madri. Una volta il Signore mi disse: Figlia Mia, la tua fiducia ed il tuo amore intralciano la Mia giustizia e non posso punire, perché Me lo impedisci. Oh! quanta forza ha un'anima piena di fiducia!»[170].

In Gesù Cristo, ogni cammino verso l'uomo, quale è stato una volta per sempre assegnato alla Chiesa nel mutevole contesto dei tempi, è simultaneamente un andare incontro al Padre e al suo amore. Il Concilio Vaticano II ha confermato questa verità. Quanto più la missione svolta dalla Chiesa si incentra sull'uomo, quanto più è, per cosi dire, antropocentrica, tanto più essa deve confermarsi e realizzarsi teocentricamente[171], cioè orientarsi in Gesù Cristo verso il Padre. Purtroppo le varie correnti del pensiero umano nel passato e nel presente sono state e continuano ad essere propense a dividere e perfino a contrapporre il geocentrismo e

---

[167]Per "professione di fede" (o Simbolo) si intende versione sintetica dei punti principali della fede cristiana. In risposta alle domande circa il Padre, il Figlio e lo Spirito Santo, le professioni di fede (o simboli) si sono sviluppate in collegamento con il battesimo. Le controversie e le eresie hanno costretto la Chiesa a chiarire ulteriormente le dottrine espresse nelle professioni di fede (o simboli).

[168]C. GHIDELLI, *Peccato dell'uomo e misericordia di Dio - Riflessioni bibliche*, pp. 105-106.

[169]Cf. J. RATZINGER, *Introduzione al cristianesimo*, Queriniana, Brescia 1969, p. 276.

[170]F. KOWALSKA, *Diario*, p. 189.

[171]Per "Teocentrismo" (gr. "Dio al centro") si intende un sistema di pensiero che centra ogni cosa su Dio. Teniamo presente che esso è molte volte in contrasto con "l'antropocentrismo" (gr." l'uomo al centro"), il quale prende l'esistenza umana, la sua esperienza e i suoi valori come centro e guida. L'antropocentrismo esagerato ignora o addirittura rigetta Dio. D'altra parte, un teocentrismo esclusivo è inaccettabile, in quanto Dio ha fatto gli esseri umani a sua immagine e somiglianza (cf. *Gn* 1,26-27) e la Parola si è fatta carne (cf. *Gv* 1,14). Nel campo del cristianesimo e in altre religioni, un approccio teocentrico (che alle volte enfatizza troppo il pluralismo e il valore di ogni credenza in Dio) è spesso in contrasto con un approccio cristocentrico (che insiste sul fatto che, si conosca o non si conosca questa verità, Cristo è il rivelatore e il salvatore di tutti gli esseri umani: cf. *Gv* 1,9; 14,6; *At* 4,12; *2 Cor* 5,18-19).

l'antropocentrismo[172], «la Chiesa invece, seguendo il Cristo, cerca di congiungerli nella storia dell'uomo in maniera organica e profonda»[173].

La rivelazione e la fede ci insegnano non tanto a meditare in astratto il mistero di Dio come "Padre delle misericordie," ma a ricorrere a questa stessa misericordia nel nome di Cristo e in unione con Lui. «Cristo non ha forse detto che il nostro Padre, il quale "vede nel segreto", attende, si direbbe, continuamente che noi, richiamandoci a lui in ogni necessità, scrutiamo sempre il suo mistero: il mistero del Padre e del suo amore?»[174].

La vita in Cristo, «non vivo più io, ma vive in me Cristo» (*Gal* 2,20), è illuminazione, dono dello Spirito, dalla quale l'uomo nasce spiritualmente. Insomma in generale, la *divinizzazione* già ha inizio nella Chiesa militante, procurando all'uomo l'esperienza di una dualità di nature, dove l'eternità divina è presente insieme con il divenire *creaturale*[175].

Appunto perché esiste il peccato nel mondo, "Dio ha tanto amato l'uomo da dare il suo Figlio unigenito." Dio che "è amore" non può rivelarsi altrimenti se non come misericordia. Questa corrisponde non soltanto alla più profonda verità di quell'amore che è Dio, ma anche a tutta l'interiore verità dell'uomo e del mondo, che è la sua patria temporanea. La misericordia in se stessa, come perfezione di Dio infinito, è anche infinita. Infinita quindi ed inesauribile è la prontezza del Padre nell'accogliere i figli prodighi che tornano alla sua casa. Sono infinite la prontezza e la forza di perdono che scaturiscono continuamente dal mirabile valore del sacrificio del Figlio. Nessun peccato umano prevale su questa forza e nemmeno la limita. Da parte dell'uomo può limitarla soltanto la mancanza di buona volontà, l'assenza di prontezza nella conversione e nella penitenza, cioè il perdurare nell'ostinazione, contrastando la grazia e la verità, specie di fronte alla testimonianza della croce e della risurrezione di Cristo.

La conversione a Dio è sempre frutto del "ritrovamento" del Padre ricco di misericordia. L'autentica conoscenza del Dio della misericordia, dell'amore benigno è una costante ed inesauribile fonte di conversione, non soltanto come momentaneo atto interiore, ma anche come stabile disposizione, come stato d'animo. Coloro che in tal modo arrivano a conoscere Dio, che in tal modo lo "vedono", non possono vivere altrimenti che convertendosi continuamente a lui.

Vivono, dunque, in stato di conversione; ed è questo stato che traccia la più profonda componente del pellegrinaggio di ogni uomo sulla terra in stato di

---

[172]Per "antropocentrismo" si intende l'approccio alle questioni teologiche che prende l'umana esperienza come punto di partenza e guida conseguente. Quando quest'approccio degenera, fa degli esseri umani il centro e l'unica misura di tutte le cose.

[173]GIOVANNI PAOLO II, *Dives in misericordia*, p. 7.

[174]*Ibid.*, p. 9.

[175]Cf. S. N. BULGAKOV, *L'Agnello di Dio - Il Mistero del Verbo Incarnato*, Città Nuova, Roma 1990, p. 259.

viandante. È evidente che la Chiesa professa la misericordia di Dio, rivelata in Cristo crocifisso e risorto, non soltanto con la parola del suo insegnamento, ma soprattutto con la più profonda pulsazione della vita di tutto il Popolo di Dio. Mediante questa testimonianza di vita, la Chiesa compie la missione propria del Popolo di Dio, missione che è partecipazione e, in un certo senso, continuazione di quella messianica di Cristo stesso.

La Chiesa contemporanea è profondamente consapevole che soltanto sulla base della misericordia di Dio potrà dare attuazione alla dottrina del Concilio Vaticano II e, in primo luogo, al compito ecumenico che tende ad unire quanti confessano Cristo. Avviando molteplici sforzi in tale direzione, la Chiesa confessa con umiltà che solo quell'amore, che è più potente della debolezza delle divisioni umane, può realizzare definitivamente l'unità che Cristo implorava dal Padre e che lo Spirito non cessa di chiedere per noi "con gemiti inesprimibili"[176].

4.1 Chiamati nella Chiesa a vivere la carità verso il prossimo

La Chiesa, professando la misericordia e rimanendole sempre fedele, ha il diritto e il dovere di richiamarsi alla misericordia di Dio, implorandola di fronte a tutti i fenomeni del male fisico e morale, dinanzi a tutte le minacce che gravano sull'intero orizzonte della vita dell'umanità contemporanea[177].

Gesù ai discepoli che sono alla sua sequela ricorda il dovere della misericordia e del perdono, infatti dice: «andate, dunque, e imparate che cosa significhi: misericordia io voglio e non sacrificio» (*Mt* 9,13). «Perdonate, e vi sarà perdonato» (*Lc* 6,37). Ma si può essere misericordiosi per dovere? O non è piuttosto una grazia e un dono? Essere misericordiosi non è da noi uomini, che non siamo inclini a praticare l'amore. Sta al di là della nostra portata. È prima di tutto grazia di Dio. Scende a noi dalla croce del Signore Gesù, come linfa vitale che rinnova il nostro essere e trasforma il nostro operare. La misericordia del cristiano deve, perciò, avere sempre la forma della misericordia di Dio, e tendere alla totalità di Dio. Nella croce e risurrezione di Gesù egli ci ha condonato ogni debito, ci ha perdonato di cuore. Ma solo se saremo misericordiosi, troveremo misericordia dal Padre. Di fronte al tribunale di Dio non vale altro che la sua misericordia. Nessuna pretesa possiamo avanzare di fronte a lui, solo la nostra sempre insufficiente risposta di amore alla sua chiamata.

---

[176]GIOVANNI PAOLO II, *Dives in misericordia*, pp. 65-66.
[177]*Ibid.*, pp. 60-61.

Un giorno suor Faustina Kowalska chiese a Gesù l'aiuto ad essere misericordiosa verso il prossimo, dicendo: «aiutami, o Signore, a far si che la mia lingua sia misericordiosa e non parli mai sfavorevolmente del prossimo, ma abbia per ognuno una parola di conforto e di perdono. Aiutami, o Signore, a far sì che le mie mani siano misericordiose e piene di buone azioni, in modo che io sappia fare unicamente del bene al prossimo e prenda su di me i lavori più pesanti e più penosi. Aiutami a far sì che i miei piedi siano misericordiosi, in modo che io accorra sempre in aiuto del prossimo, vincendo la mia indolenza e la mia stanchezza il mio vero riposo sta nella disponibilità verso il prossimo. Aiutami, Signore, a far si che il mio cuore sia misericordioso, in modo che partecipi a tutte le sofferenze del prossimo. A nessuno rifiuterò il mio cuore. Mi comporterò sinceramente anche con coloro di cui so abuseranno della mia bontà, mentre io mi rifugerò nel misericordioso Cuore di Gesù. Non parlerò delle mie sofferenze»[178].

È l'amore di Dio riversato su di noi che ci rende capaci di amare. E all'amore misericordioso di Dio possiamo perciò giungere se ci lasciamo trasformare interiormente e incessantemente nello spirito di tale amore. È amore continuamente creatore, che rinnova chi ne è l'oggetto, ma anche chi lo pratica. Colui che dona viene sempre beneficato. Dando il cuore al misero (tale può essere il significato di "misericordioso") ci si espropria, ma diventando poveri ci si arricchisce davanti a Dio.

L'Amore verso Dio e l'amore verso tutti gli uomini sia senza eccezione e divisione alcuna di razza, di cultura, di lingua, di concezione del mondo, senza distinzione tra amici e nemici. L'amore rende la Chiesa sollecita a "garantire a ciascuno ogni autentico bene, ad allontanare e scongiurare qualsiasi male, perché, tenendo fisso lo sguardo sul Redentore dell'uomo, ha imparato a contemplare, ad un tempo, l'incomparabile dignità dell'uomo e l'amore misericordioso di Dio[179].

«Amerai il tuo prossimo come te stesso» (*Lv* 19,18) possiede il comando del Signore Dio. L'amore per se stessi è l'espressione prima della socialità, l'amore per il prossimo, più vicino ed immediato, è forma e radice dell'amicizia per l'altro. Chi sia il prossimo, e cosa significhi amare il prossimo come se stessi, lo insegna Gesù. Da un lato il suo comando, «che vi amiate gli uni gli altri, come io vi ho amato» (*Gv* 13,34; 15,12), dice di guardare a lui, buon samaritano che *si è fatto prossimo*, e di imparare da lui. Dall'altro Egli ci dice che nel giudizio ultimo il discernimento verrà fatto unicamente sul criterio dell'amore per il prossimo (cf. *Mt* 25). E così «tutta la legge trova la sua pienezza in un solo precetto: amerai il prossimo tuo come te stesso» (*Gal* 5,14), perché «chi ama il suo simile ha adempiuto la legge. Pieno

---

[178]*Ibidem.*

[179]C. GHIDELLI, *Peccato dell'uomo e misericordia di Dio. Riflessioni bibliche*, pp. 109-110.

compimento della legge è l'amore» (*Rm* 13,8.10). Il prossimo da amare non va scelto. È prossimo da amare anche quello che irrita, suscita collera e ingiuria (cf. *Mt* 5,22), domanda e insiste (cf. *Mt* 5,42), forza e si impone (cf. *Mt* 5,39-41). Per lui, anche se persecutore, bisogna pregare (cf. *Mt* 5,44). A lui bisogna dare il saluto (cf. *Mt* 5,47). Piuttosto che resistergli si deve lasciarlo fare, prevenendo anzi i suoi desideri (cf. *Mt* 5,38-42). A lui bisogna dare il perdono, oltre ogni misura (cf. *Mt* 18,21-22).

L'amore del prossimo fa di ciascuno di noi un debitore insolvente (cf. *Rm* 13,8), perché mai finiremo di pagare tale debito. L'amore, come atto principale della carità, non si riferisce, dunque, unicamente a Dio, ma anche al prossimo. Infatti l'amore di Dio ci fa amare tutto quello che appartiene a lui o riflette la sua bontà, e il prossimo è un bene di Dio, e può partecipare della beatitudine eterna.

Il 27 settembre 1936 Faustina scrisse: «Oggi in spirito sono stata in paradiso e ho visto l'inconcepibile bellezza e felicità che ci attende dopo la morte. Ho visto come tutte le creature rendono incessantemente onore e gloria a Dio. Ho visto quanto è grande la felicità in Dio, che si riversa su tutte le creature, rendendole felici. Poi ogni gloria ed onore che ha reso felici le creature ritorna alla sorgente ed esse entrano nella profondità di Dio, contemplano la vita interiore di Dio, Padre, Figlio e Spirito Santo, che non riusciranno mai né a capire né a sviscerare. Questa sorgente di felicità è immutabile nella sua essenza, ma sempre nuova e scaturisce per la beatitudine di tutte le creature. Comprendo ora San Paolo che ha detto: "Occhio non vide, né orecchio udì, né mai entrò nel cuore d'uomo ciò che Dio prepara per coloro che Lo amano". E Dio mi fece conoscere la sola ed unica cosa che ai Suoi occhi ha un valore infinito e questa è l'amore di Dio, l'amore, l'amore ed ancora una volta l'amore. E nulla è paragonabile ad un solo atto di puro amor di Dio. Oh, quali ineffabili favori concede Iddio ad un'anima che Lo ama sinceramente! Oh, felici quelle anime che già qui su questa terra godono dei Suoi particolari favori! Ed esse sono le anime piccole ed umili. Grande è la Maestà di Dio, che ho conosciuto più a fondo, che gli spiriti celesti adorano secondo il grado della loro grazia e la gerarchia in cui si dividono. La mia anima quando ha visto la potenza e la grandezza di Dio non è stata colpita dallo spavento né dal timore; no, no, assolutamente no! La mia anima è stata colmata di serenità e d'amore e più conosco la grandezza di Dio e più gioisco per come Egli è. E gioisco immensamente per la sua grandezza e sono lieta di essere così piccola, perché, proprio perché sono piccola, mi prende in braccio e mi tiene accanto al Suo cuore. O mio Dio, quanta pena mi fanno gli uomini che non credono nella vita eterna!»[180].

[180]F. KOWALSKA, *Diario*, p. 475-476.

Perciò l'amore di carità[181] con cui amiamo il prossimo è specificamente identico a quello con cui amiamo Dio. C'è, dunque, un'unica carità, perché il motivo formale di amore verso il prossimo è sempre la bontà di Dio in quanto si riflette in esso[182]. Ed evidentemente dobbiamo amare anche noi stessi con amore di carità, in quanto siamo un bene di Dio, capaci della sua grazia e della sua gloria.

Nel 1933 durante gli esercizi spirituali santa Faustina scrisse nel suo "Diario": «Amore del prossimo. Primo: essere servizievole con le Suore. Secondo: non parlare degli assenti e difendere il buon nome del prossimo. Terzo: rallegrarsi dei successi del prossimo. O Dio, quanto desidero essere una piccola bimba. Tu sei mio Padre. Tu sai bene quanto sono piccola e debole, perciò Ti scongiuro, tienimi presso di Te in tutti i momenti della mia vita e specialmente nell'ora della morte. O Gesù, io so che la Tua bontà supera la bontà della più tenera delle madri. Per ogni umiliazione ringrazierò il Signore. Pregherò in modo speciale per la persona che mi ha fornito l'occasione di umiliarmi. Mi annienterò a favore delle anime. Non badare ad alcun sacrificio, stendendomi sotto i piedi delle Suore come un piccolo tappeto, sul quale non solo possono camminare, ma possono anche pulirsi i piedi: il mio posto è sotto i piedi delle consorelle»[183].

Quali sono, dunque, gli effetti che produce l'atto principale della carità, cioè l'amore? Oltre al godimento spirituale di Dio, produce pace e misericordia; ed ancora la beneficenza (come segno dell'interna benevolenza), l'elemosina (che si attua con le opere di misericordia), la correzione fraterna[184].

Una forma naturale ed umana di amore è l'amicizia. Essa è la corrispondenza nell'amore, la condivisione vicendevole di gioie e sofferenze, la compartecipazione della vita in una reciprocità creatrice. In essa sono determinanti l'uguaglianza e la corrispondenza.

La più alta espressione della carità amichevole è la carità coniugale, che si attua fra un uomo e una donna uniti da un amore elettivo ed esclusivo, aperto alla vita.

Sia l'amore del prossimo che l'amore di amicizia sono forme individuali di amore. Ma esiste anche una carità sociale, che ci fa amare il bene comune. Essa ci spinge a cercare il vero bene di tutti in quanto uniti in una società, e non solo

---

[181]Per carità si presuppone le altre due (fede e speranza). Essa dà vita a tutte le virtù. Il suo oggetto primario è Dio; secondariamente, è diretta a noi e agli altri esseri umani (cf. Dt 6,5; Gv 13,34; 5,4; 1 Cor 13,1).

[182]Cf. A. ROYO MARIN, *Teologia della perfezione cristiana*, p. 613.

[183]F. KOWALSKA, *Diario*, pp. 209-210.

[184]Teniamo presente che alla carità verso il prossimo si oppongono l'invidia, la discordia, la contesa, la rissa, la seduzione, la guerra, lo scandalo (cf. S. Th. 2-2, q. 34-43). La seduzione, o scandalo diretto, è il tentativo deliberato di indurre qualcuno a pensieri, desideri e azioni peccaminose. La seduzione più disastrosa è quella che induce all'odio, all'ingiustizia collettiva, alla guerra. Gesù mette in guardia contro lo scandalo che conduce alla perdita di fede (cf. *Mt* 18,6-7; *Mc* 13,5). Mentre lo scandalo fornisce l'occasione per il peccato di altri, la cooperazione consiste nella esecuzione attuale di una azione peccaminosa di un altro, già decisa in antecedenza.

considerati nella dimensione privata ed individuale. Deve costituire l'alternativa all'egoismo, alla violenza, allo sfruttamento. Deve rafforzare il rispetto per la persona e salvaguardare i valori autentici dei popoli e delle nazioni.

Il senso e il valore del nostro essere cristiani, ci stimola a riscoprire la misericordia di Dio perché diventiamo, a nostra volta, più misericordiosi verso i fratelli. L'abbandono fiducioso nelle mani di Dio ci libera da ogni male o, se lo permette, ci dona la forza di sopportarlo e lo fa volgere a nostro vantaggio[185].

4.2 Convocati ad essere misericordiosi

Gesù ha insegnato che l'uomo non soltanto riceve e sperimenta la misericordia di Dio, ma è pure chiamato a "usar misericordia" verso gli altri, infatti dice: «beati i misericordiosi, perché troveranno misericordia» (*Mt* 5,7). La Chiesa vede in queste parole un appello all'azione e si sforza di praticare la misericordia. Se tutte le beatitudini del Discorso della montagna indicano la via della conversione[186] e del cambiamento della vita, quella che riguarda i misericordiosi è a tale proposito particolarmente eloquente. «L'uomo giunge all'amore misericordioso di Dio, alla sua misericordia, in quanto egli stesso interiormente si trasforma nello spirito di tale amore verso il prossimo»[187].

Gesù, Figlio di Dio Padre misericordioso, proclama la beatitudine[188] per i misericordiosi[189]. Ma in un mondo pieno di corrotti e di corruttori, di violenti e di disonesti, sembra che non ci sia davvero posto per la misericordia. Da ogni parte si chiede piuttosto giustizia. Si chiede la morte per chi ha ucciso. Forse anche da noi qualcuno arriverà a chiedere il taglio della mano per chi ha rubato. Occhio per occhio, comunque. Sembrano giungere da un altro pianeta l'invito alla misericordia e la beatitudine per i misericordiosi. E sembra impossibile coniugare insieme misericordia e giustizia.

Ma viene in mente l'antico asserto *summum ius, summa iniuria* (sommo diritto, somma ingiustizia). E si capisce, allora, quali siano allo stesso tempo la forza e il

---

[185]Cf. J. PHILIPPE, *La pace del cuore*, Poligrafico Dehoniano, Andria (Ba) 2006, p. 38.

[186]Conversione - abbandonare l'affetto al peccato per ritornare a Dio in un modo che abbracci sia l'integrità della persona, sia il bene della comunità cristiana. La conversione è richiesta con la venuta del regno di Dio (cf. *Mc* 1,15; *Mt* 4,17).

[187]GIOVANNI PAOLO II, *Dives in misericordia*, p. 66.

[188]Beatitudini - le otto (o nove) benedizioni pronunciate da Cristo nel *Discorso della Montagna* (cf. *Mt* 5,3-11), che presentano delle analogie nell'AT (per es., *Sal* 1,1; *Is* 32,20) e sintetizzano la perfezione cui devono tendere tutti i cristiani. Nel "Discorso della Pianura", parallelo in *Lc* 6,20-26, le quattro benedizioni, accoppiate con quattro maledizioni, sono più specifiche nelle loro esigenze. Le beatitudini, che presentano il Regno di Dio nelle sue esigenze e promesse fondamentali, hanno fornito ispirazioni a molti non cristiani.

[189]Cf. X. TILLIETTE, *La beatitudine della misericordia*, in "Communio" 22 (1993), pp. 8-13.

limite della giustizia. Da sola essa non è sufficiente, anzi viene annientata se non si consente all'amore di plasmare la vita umana nelle sue varie dimensioni. È la misericordia che può liberarci dalla *summa iniuria* di una giustizia senza pietà e senza cuore.

Nell'organizzazione di una società è certamente importante e necessaria la giustizia, ma deve esserci posto anche per la misericordia, e dunque per il perdono e la comprensione. La giustizia senza la misericordia è crudele, mentre la misericordia senza la giustizia può diventare la madre della dissoluzione morale. La giustizia valuta in termini di proporzionalità fra "dare" ed "avere"; la misericordia abbandona il terreno della reciprocità, per porsi su quello della gratuità. E proprio per il fatto che la sensibilità contemporanea è diventata assai refrattaria alla misericordia, il cristiano deve profeticamente farsene testimone.

La prima misericordia dobbiamo averla con noi stessi, non per approvarci nei nostri difetti e nelle nostre colpe, ma per accettare, senza scoraggiarci, i nostri limiti[190], come insegna l'apostolo: «mi vanterò quindi ben volentieri delle mie debolezze, perché dimori in me la potenza di Cristo (...). Quando sono debole è allora che sono forte» (*2 Cor* 12,9-10).

"Impariamo dalla nostra stessa debolezza" - nessuno può sfuggire a questa elementare conoscenza di sé: è una percezione immediata e profonda che, soprattutto in certi momenti privilegiati della vita, affiora in ciascuno di noi. «Siamo deboli di una debolezza congenita, spesso di una debolezza assecondata, talvolta di una debolezza voluta: conseguentemente sono molteplici e differenziate le nostre responsabilità»[191].

Tanto è vero che Gesù stesso disse a suor Faustina in che modo bisogna affrontare la debolezza: «Quando il sacerdote pronunciò queste parole, che un anima obbediente si riempie della forza di Dio, udii quanto segue: "Si, quando sei obbediente, mi prendo la tua debolezza ed al suo posto ti do la Mia forza. Sono molto stupito che le anime non vogliano fare questo scambio con Me". Io dissi al Signore: Gesù, illumina Tu la mia anima, poiché diversamente capirò ben poco di queste parole. So che non vivo per me, ma per un gran numero di anime. So che le grazie date a me, non sono soltanto per me, ma anche per le anime. O Gesù, l'abisso della Tua Misericordia si è riversato nella mia anima, che è l'abisso stesso della miseria. Ti ringrazio, Gesù, per le grazie e le piccole croci che mi dai in ogni momento della vita»[192].

[190]Cf. G. MANZONI, *Lo Spirito e i suoi doni*, p. 195.
[191]C. GHIDELLI, *Cuore a cuore - Riflessioni bibliche*, p. 101.
[192]F. KOWALSKA, *Diario*, pp. 279-280.

L'umiltà[193] è la via della carità. Così il misericordioso si accorge della miseria dell'altro, e la vede come possibilità di condivisione, scoprendola come una chiamata. È misericordioso chi ha il cuore aperto al misero: beato perché ha scoperto il cuore del Padre, e si è lasciato commuovere per l'indigenza del fratello. È entrato in risonanza con lui, riconoscendolo come compagno di viaggio, messo sulla sua strada da Dio, perché anche nel suo cuore si potesse accendere la tenerezza del Padre.

Un altro padre spirituale di santa Faustina Kowalska, padre Giuseppe Andrasz S.I.[194] gli consigliò: «Umiltà, umiltà e sempre umiltà, poiché noi da soli non possiamo nulla. Tutto questo è soltanto grazia di Dio»[195].

Poi in un altro brano del suo "Diario" suor Faustina scrisse: «Il mezzo generale poi è l'umiltà. Niente è difficile per l'umile. Signore mio, infiamma il mio amore per Te, affinché fra le tempeste, le sofferenze e le prove, il mio spirito non venga meno. Vedi quanto sono debole. L'amore può tutto»[196].

Evidentemente va colta l'occasione posta da Dio stesso innanzi ad ogni uomo: «vedendo uno che giace a terra mezzo morto, e avendo compassione di lui, gli si deve fare prossimo» (*Lc* 10,29-37). Infatti non è misericordioso colui che si limita a commiserare l'altro. Beati sono coloro che, rispondendo all'amore fedele di Dio, compiono le opere di misericordia (cfr. *Mt* 25,35-36). Beati sono coloro che sanno provare la commozione stessa di Dio: alla fine della vita saranno giudicati sull'amore, manifestato nelle opere di misericordia.

Gesù stesso ci invita ad essere misericordiosi «come è misericordioso il Padre» (*Lc* 6,36): come il padre del figlio prodigo, «fedele alla sua paternità, fedele a quell'amore, che da sempre elargiva al proprio figlio»[197]. Perciò il misericordioso delle beatitudini fa il bene spinto solo dalla carità, senza distinguere fra amici e nemici, senza cercare la propria soddisfazione o il proprio interesse. Per essere vero figlio dell'Altissimo si sforza di ricopiare la sua infinita misericordia. E dunque non ama solo ciò che è amabile, e la sua misericordia non è motivata da ciò che riceve in cambio. Non ci possono essere motivi "esterni" per la misericordia, come non ce ne sono per l'amore. Per viverla, bisogna fare il salto di qualità del perdono cristiano. Infatti veramente misericordioso è colui che coltiva sentimenti di pietà nei confronti di chi ha peccato, e gli concede generosamente il perdono. «Non dovevi forse anche

---

[193]Umiltà - spesso, è la virtù meno conosciuta e meno apprezzata. Il suo opposto, che è l'orgoglio, sembra il sovrano di questo mondo con un dominio quasi incontrastato. Contro di esso, però, sta la parola del Signore, tagliente come una spada: «chi si esalta sarà umiliato e chi si umilia sarà esaltato» (*Lc* 14,11). E un principio generale che presenta coordinate al rovescio. E già l'AT ne aveva avuto l'intuizione: «quanto più sei grande, tanto più umiliati» (*Sir* 3,18).

[194] Il padre Giuseppe Andrasz S.J. (1891-1963) per otto anni lavorò presso la redazione *dell'Apostolato della Preghiera.* Nel 1930 diviene direttore del mensile "Il Messaggero del Sacro Cuore". Dal 1932 fu confessore straordinario nel noviziato della CSBVMM e tenne questo incarico per molti anni con generale soddisfazione e profitto per le suore.

[195]F. KOWALSKA, *Diario*, p. 79.

[196]*Ibid.*, p. 113.

[197]GIOVANNI PAOLO II, *Dives in misericordia*, p. 6.

tu aver pietà del tuo compagno, così come io ho avuto pietà di te?» (*Mt* 18,33), chiede il padrone al servo spietato, nella parabola evangelica. Tanto che la durezza di cui il servo dà prova nei confronti del suo collega fa sì che la compassione e la misericordia del re si cambino in collera e in punizione rigorosa.

4.3 Misericordiosi per ottenere misericordia

«In verità vi dico: ogni volta che l'avete fatto al più piccolo dei miei fratelli, lo avete fatto a me» (*Mt* 25,40). Tutti gli uomini sono soltanto *un Adamo*, una unica umanità; tutti gli uomini, grandi o piccoli; cristiani o pagani - sono immagine di Dio (cf. *Gen* 1,26). Egli sente che Dio vuole la salvezza di tutti gli uomini (*Tim* 2.4). Egli recita il "Padre nostro" e si congiunge così con tutti i figli di Dio in un unico "noi". Egli ode che il Signore ha compiuto il servizio della sua vita "per molti" (*Mc* 10,45; 14,24), cioè per l'umanità. Egli riconosce così che la famiglia di Dio, che si raccoglie nella Chiesa, non esiste esclusivamente per sé, ma per lasciare aperti gli occhi e il cuore a favore di tutti i figli di Dio[198].

La Chiesa deve professare e proclamare la misericordia divina in tutta la verità, quale ci è tramandata dalla rivelazione. Nella vita quotidiana della Chiesa la verità circa la misericordia di Dio, espressa nella Bibbia, risuona quale eco perenne attraverso numerose letture della sacra liturgia. La percepisce l'autentico senso della fede del Popolo di Dio, come attestano varie espressioni della pietà personale e comunitaria. Sarebbe certamente difficile elencarle e riassumerle tutte, poiché la maggior parte di esse è vivamente iscritta nell'intimo dei cuori e delle coscienze umane. Se alcuni teologi affermano che la misericordia è il più grande fra gli attributi e le perfezioni di Dio, la Bibbia, la tradizione e tutta la vita di fede del Popolo di Dio ne forniscono peculiari testimonianze»[199].

Ama veramente se stesso colui che ama il prossimo: anzi, si fa prossimo. Come per il samaritano della parabola lucana, il prossimo sofferente è, per il discepolo di Gesù, *kairós* di misericordia, luogo di chiamata, appello alla conversione[200].

Per poter esercitare efficacemente la misericordia, dobbiamo andare oltre le prime impressioni, fare un notevole sforzo per arrivare ad avvertire come nostro il male dell'altro e aiutarlo nella misura del necessario. La vera misericordia si

[198]Cf. J. RATZINGER, *Dogma e predicazione*, Queriniana, Brescia 1973, p. 199.
[199]GIOVANNI PAOLO II, *Dives in misericordia*, p. 61.
[200]Cf. J. GUILLET, *Misericordia e sofferenza*, in "Communio" 10 (1981), n. 60, p. 24,33.

costituisce in noi al di là dei "buoni sentimenti", e si sviluppa solo nel profondo della nostra volontà, a livello della carità e della giustizia[201].

Per chi, invece, trascura «la giustizia, la misericordia e la fedeltà» (*Mt* 23,23), come hanno fatto scribi e farisei, vi è il severo rimprovero da parte di Gesù. Dio, infatti, vuole misericordia (...) e non sacrificio (cf. *Mt* 9,13; 12,7; *Os* 6,6). «Ovunque io guardi, tutto mi parla della Sua Misericordia: scrisse santa Faustina nel suo "Diario" anche la stessa giustizia di Dio mi parla della Sua infinita Misericordia, poiché la giustizia deriva dall'amore. Ad una parola faccio attenzione, e con quest'unica parola faccio sempre i conti e questa parola per me è tutto, di essa vivo e con essa muoio, essa è la santa volontà di Dio»[202].

Egli si compiace non delle solenni cerimonie cultuali, ma delle opere compiute in favore dell'uomo: opere di misericordia spirituale, opere di misericordia corporale. Vi sono, infatti, miserie di ordine spirituale, come in chi è privo della fede o della grazia, o è fuori della Chiesa. A queste miserie provvedono le opere di misericordia spirituale di consiglio, di istruzione, di conversione, di conforto, di perdono, di preghiera. E vi sono miserie di ordine materiale, quali la mancanza di cibo, di casa, di sanità. Vi provvedono le opere di misericordia corporale: dare il cibo e la bevanda ad affamati ed assetati, le vesti agli ignudi, la casa ospitale ai pellegrini; curare gli infermi, visitare i carcerati, aver cura dei fratelli defunti. Le opere di misericordia sono la prima lode e il primo sacrificio da offrire a Dio.

Il 22 luglio 1936 suor Faustina scrisse proprio sulla importanza delle opere in questo modo: «O mio Gesù, so che della grandezza dell'uomo danno testimonianza le opere, non le parole, né i sentimenti. Le opere che sono venute da noi, queste parleranno di noi. Gesù mio, non permettermi di fantasticare, ma dammi il coraggio e la forza di compiere la Tua santa volontà»[203].

Un modo concreto di misericordia, nelle situazioni di indigenza più ordinarie, è l'elemosina. I moralisti ne hanno ben descritto le caratteristiche[204]. Deve essere veloce, cioè pronta, così che tu non dica *al tuo prossimo*: «va', ripassa, te lo darò domani, se tu hai ciò che ti chiede» (*Pr* 3,28). Lieta: «non con tristezza, né per forza, perché Dio ama chi dona con gioia» (*2 Cor* 9,7). Segreta: «non suonare la tromba davanti a te, come fanno gli ipocriti nelle sinagoghe e nelle strade per essere lodati

---

[201]Giustizia - la caratteristica di rettitudine e di imparzialità di un buon giudice. Nell'AT, la giustizia di Dio è spesso sinonimo di fedeltà divina e di amore saldo (*Mi* 7,8-20), ed è strettamente collegata con la misericordia (*Sir* 35,11-24). Il re messianico manifesterà giustizia e sapienza (*Is* 11,3-5; At 7,52). La giustizia di Dio si rivela nella salvezza elargita a coloro che credono in Gesù Cristo (*Rm* 3,1-26) e che conducono una vita irreprensibile (Mt 5,6). La tradizione cristiana chiama la giustizia, insieme alla prudenza, alla temperanza e alla fortezza, una delle quattro *virtù cardinali* (lat. "cardine"), perché un comportamento umano retto pratica queste virtù. Il papa Giovanni Paolo II, nella sua Enciclica *Sollicitudo rei socialis* (1987) ha evidenziato il male collettivo e le strutture di peccato che ostacolano la realizzazione della giustizia sociale, sia nazionale che internazionale.

[202]F. KOWALSKA, *Diario*, pp. 420-421.

[203]*Ibid.*, p. 423.

[204]Cf. A. VALSECCHI, *La carità*, in G. PIANA - A. VALSECCHI, *Religione e vita teologale*, Roma 1972, p. 194.

dagli uomini. In verità vi dico: hanno già ricevuto la loro ricompensa. Quando invece tu fai l'elemosina, non sappia la tua sinistra ciò che fa la tua destra, perché la tua elemosina resti segreta; e il Padre tuo, che vede nel segreto, ti ricompenserà» (*Mt* 6,2-4). Prudente: cioè non va fatta a chi si è sicuri che la userà male. Disinteressata: senza secondi fini, senza attendersi nessuna ricompensa, nel rispetto pieno della dignità altrui.

I misericordiosi troveranno misericordia, dice Gesù: «chiunque vi darà da bere un bicchiere d'acqua nel mio nome perché siete di Cristo, vi dico in verità che non perderà la sua ricompensa» (*Mc* 9,41). E con la stessa misura con cui si è perdonato agli uomini, così si verrà perdonati dal Padre celeste (cf. Mt 6,14). Perché colui che si mostra misericordioso farà l'esperienza della salvezza di Dio, benevolo e fedele alle sue promesse. Da come l'uomo vive il suo rapporto con Dio sarà qualificato il rapporto con il fratello, e da come vive il rapporto con il fratello dipenderà il comportamento di Dio nei suoi confronti: «rimetti a noi i nostri debiti, come noi li rimettiamo ai nostri debitori» (*Mt* 6,12). Invece «il giudizio sarà senza misericordia contro chi non avrà usato misericordia» (*Gc* 2,13).

Gesù disse a santa Faustina Kowalska: «se un'anima non pratica la Misericordia in qualunque modo, non otterrà la Mia Misericordia nel giorno del giudizio. Oh, se le anime sapessero accumulare per sé tesori eterni, non verrebbero giudicate, prevenendo il Mio giudizio con la Misericordia!»[205].

Ogni tempo ha avuto, ha e dovrà avere le sue opere di misericordia: corporali e spirituali. Affamato od assetato, nudo o pellegrino, infermo o carcerato o defunto, dubbioso o ignorante, peccatore o afflitto, offensore o molesto che sia, si tratta sempre dell'uomo fratello. Può cambiare la situazione, può essere handicappato o anziano o tossicodipendente. Si possono cambiare i termini, e si può parlare perfino di etica del dialogo e carità dell'intelligenza, ma non verrà mai meno la beatitudine da parte del Signore: chi ha usato misericordia troverà in Lui misericordia, in abbondanza:«di generazione in generazione la sua misericordia si stende su quelli che lo temono» (*Lc* 1,50)[206].

Gesù cenava con i peccatori per convertirli, perché l'amore è più importante del sabato, il perdono più della legge e dell'offesa ricevuta. Godere dei doni di Dio ci rende contenti di ciò che siamo[207].

Suor Faustina, credendo fermamente nell'amore di Dio, scrisse: «nessuno dubiti della bontà di Dio, anche se i suoi peccati fossero neri come la notte, la Misericordia di Dio è più forte della nostra miseria. Una sola cosa è necessaria, che il

---

[205]F. KOWALSKA, *Diario*, p. 704.

[206]Cf. G. BEDOUELLE, *Di generazione in generazione*, in "Communio" 22 (1993), n. 131, pp. 44-54.

[207]P. MAGLIOZZI, *La guarigione interiore- un modo per incontrare Cristo Medico*, Edizione Camiliane, Madonna dell'Olmo (CN) 2004, p. 52.

peccatore apra almeno un po' le porte del suo cuore ai raggi della divina Misericordia: Dio farà il resto. Ma infelice quell'anima che perfino nell'ultima ora ha tenuto chiusa la porta alla Misericordia di Dio! Sono state queste anime che hanno immerso Gesù nell'Orto degli Ulivi in una tristezza mortale. Ciò nonostante dal Suo Cuore compassionevolissimo scaturì la divina Misericordia»[208].

L'amore misericordioso, nei rapporti reciproci tra gli uomini, non è mai un atto o un processo unilaterale. Perfino nei casi in cui tutto sembrerebbe indicare che soltanto una parte sia quella che dona ed offre, e l'altra quella che soltanto riceve e prende (ad esempio, nel caso del medico che cura, del maestro che insegna, dei genitori che mantengono ed educano i figli, del benefattore che soccorre i bisognosi), in verità tuttavia anche colui che dona viene sempre beneficato. In ogni caso, anche questi può facilmente ritrovarsi nella posizione di colui che riceve, che ottiene un beneficio, che prova l'amore misericordioso, che si trova ad essere oggetto di misericordia.

Cristo crocifisso, in questo senso, è per noi il modello, l'ispirazione e l'incitamento più alto. Basandoci su questo sconvolgente modello, possiamo con tutta umiltà manifestare misericordia agli altri, sapendo che essi l'accolgono come rivolta a se stessi. Sulla base di questo modello, dobbiamo anche purificare continuamente tutte le nostre azioni e tutte le nostre intenzioni in cui la misericordia viene intesa e praticata in modo unilaterale, come bene fatto agli altri. Solo allora, in effetti, essa è realmente un atto di amore misericordioso: quando, attuandola, siamo profondamente convinti che, al tempo stesso, noi la sperimentiamo da parte di coloro che la accettano da noi. Se manca questa bilateralità, la reciprocità, le nostre azioni non sono ancora autentici atti di misericordia, né in noi si è ancora compiuta pienamente la conversione, la cui strada ci è stata manifestata da Cristo con la parola e con l'esempio fino alla croce, né partecipiamo ancora completamente alla magnifica fonte dell'amore misericordioso che ci è stata da lui rivelata.

Cosi, dunque, la via che Cristo ci ha manifestato nel discorso della montagna con la beatitudine dei misericordiosi, è molto più ricca di ciò che a volte possiamo avvertire nei comuni giudizi umani sul tema della misericordia. Tali giudizi ritengono la misericordia come un atto o processo unilaterale, che presuppone e mantiene le distanze tra colui che usa misericordia e colui che ne viene gratificato, tra chi fa il bene e chi lo riceve. Di qui deriva la pretesa di liberare i rapporti interumani e sociali dalla misericordia e di basarli solamente sulla giustizia. Tuttavia, tali giudizi sulla misericordia non avvertono quel fondamentale legame tra la misericordia e la giustizia del quale parla tutta la tradizione biblica e soprattutto la missione messianica di Gesù Cristo. L'autentica misericordia è, per così dire, la fonte più profonda della

---

[208]F. KOWALSKA, *Diario*, p. 795.

giustizia. Se quest'ultima è di per sé idonea ad "arbitrare" tra gli uomini nella reciproca ripartizione dei beni oggettivi secondo l'equa misura, l'amore invece, e soltanto l'amore (anche quell'amore benigno, che chiamiamo "misericordia"), è capace di restituire l'uomo a se stesso.

La fede in Dio e l'amore per il prossimo sono legati strettamente tra loro. In entrambi si tratta della stessa realtà. Chi si apre a Dio nella fede, non sarà chiuso nemmeno nel rapporto verso il prossimo. Perciò Gesù dice: «poiché se voi perdonerete agli uomini le loro colpe, anche a voi perdonerà il vostro Padre celeste; ma se voi non perdonerete agli uomini, neanche il Padre vostro perdonerà le vostre colpe» (*Mt* 6,14). E tale disponibilità al perdono non deve avere limiti[209].

La misericordia autenticamente cristiana è pure, in certo senso, la più perfetta incarnazione "dell'eguaglianza" tra gli uomini, e quindi anche l'incarnazione più perfetta della giustizia, in quanto anche questa, nel suo ambito, mira allo stesso risultato. L'eguaglianza introdotta mediante la giustizia si limita però all'ambito dei beni oggettivi ed estrinseci, mentre l'amore e la misericordia fanno si che gli uomini s'incontrino tra loro in quel valore che è l'uomo stesso, con la dignità che gli è propria. In pari tempo, "l'eguaglianza" degli uomini mediante l'amore "paziente e benigno" non cancella le differenze: colui che dona diventa più generoso quando si sente contemporaneamente gratificato da colui che accoglie il suo dono; viceversa, colui che sa ricevere il dono con la consapevolezza che anch'egli, accogliendolo, fa del bene, serve da parte sua alla grande causa della dignità della persona, e ciò contribuisce a unire gli uomini fra di loro in modo più profondo.

Cosi dunque, la misericordia diviene elemento indispensabile per plasmare i mutui rapporti tra gli uomini, nello spirito del più profondo rispetto di ciò che è umano e della reciproca fratellanza. È impossibile ottenere questo vincolo tra gli uomini se si vogliono regolare i mutui rapporti unicamente con la misura della giustizia. Questa, in ogni sfera dei rapporti interumani, deve subire, per così dire, una notevole "correzione" da parte di quell'amore il quale - come proclama san Paolo - "è paziente" e "benigno" o, in altre parole, porta in sé i caratteri dell'amore misericordioso tanto essenziali per il Vangelo e per il cristianesimo. Ricordiamo, inoltre, che l'amore misericordioso indica anche quella cordiale tenerezza e sensibilità di cui tanto eloquentemente ci parla la parabola del figliol prodigo, o anche quelle della pecorella e della dramma smarrita. Pertanto, l'amore misericordioso è sommamente indispensabile tra coloro che sono più vicini: tra i coniugi, tra i genitori e i figli, tra gli amici; esso è indispensabile nell'educazione e nella pastorale»[210].

---

[209]Cf. F. GOGARTEN, *L'annuncio di Gesù Cristo*, Queriniana, Brescia 1978, p. 116.

[210]GIOVANNI PAOLO II, *Dives in misericordia*, pp. 66-67.

4.4 Lo Spirito mediante la Chiesa dona il consiglio ai misericordiosi

La Chiesa è il Corpo di Cristo[211], perché in essa vive in modo manifesto lo Spirito di Gesù. Ciò che questo Spirito produce nella Chiesa è la comunione con Gesù Cristo e la sottomissione di ogni cosa a lui, il capo della Chiesa.

Sotto ogni aspetto, dunque, lo Spirito è la mediazione della libertà nell'amore, il punto d'incontro dell'unità con la diversità. Riemerge così il tipico rapporto chiesa-mondo, fra queste due entità che non si possono tra loro opporre in modo dualistico né confondere in modo monadistico. Lo Spirito di Cristo è presente ed attivo ovunque gli uomini cercano di trascendere la propria vita verso il senso ultimo del loro esistere[212].

«La Chiesa è mistero» (*LG* 1) - mediante la sua dimensione umana - la Chiesa «è entrata nella storia degli uomini» (*LG* 9). In realtà, etimologicamente, *paradosso* significa qualcosa di contrario all'opinione accettata e comune, e che suscita meraviglia perché propone qualcosa di incredibile rispetto a quello che è. Nella tradizione cristiana, il paradosso parte dal testo paradigmatico di Paolo in 1Cor 1,17-31, quando afferma che: «mi ha mandato ad annunziare il Vangelo, non con sapienza di parole, perchè non venga resa vana la croce di Cristo. La parola della croce, infatti, è stoltezza per quelli che vanno in perdizione, ma per quelli che si salvano, ossia per noi, essa è potenza di Dio. Predichiamo Cristo crocifisso, scandalo per i giudei, stoltezza peri i pagani»[213].

Il discorso di addio di Cristo durante la Cena pasquale è in particolare riferimento a questo "donare" e "donarsi" dello Spirito Santo. Nel Vangelo di Giovanni si svela quasi la "logica" più profonda del mistero salvifico contenuto nell'eterno disegno di Dio, come espansione dell'ineffabile comunione del Padre, del Figlio e dello Spirito Santo *colui che prenderà del mio.* È la "logica" divina, che dal mistero della Trinità porta al mistero della redenzione del mondo in Gesù Cristo. La redenzione compiuta dal Figlio nelle dimensioni della storia terrena dell'uomo - compiuta nella sua "dipartita" per mezzo della Croce e della Risurrezione - viene, al tempo stesso, nella sua intera potenza salvifica, trasmessa allo Spirito Santo. Le parole del testo giovanneo indicano che, secondo il disegno divino, la "dipartita" di Cristo è condizione indispensabile "dell'invio" e della venuta dello Spirito Santo, ma

---

[211]Il termine "Corpo di Cristo" indica: a) il corpo umano di Gesù; b) il Cristo risorto presente nell'Eucaristia; c) la Chiesa (o Corpo Mistico di Cristo) costituita da quanti sono incorporati a Cristo mediante il battesimo e lo Spirito Santo; d) la festa celebrata nel rito romano dopo la domenica della Trinità per onorare il Santissimo Sacramento.
[212]Cf. W. KASPER, *Gesù il Cristo*, Queriniana, Brescia 1975, p. 380.
[213]Cf. S. PIÉ-NINOT, *Ecclesiologia. La sacramentalità della comunità cristiana*, Queriniana, Brescia 2008, p. 638.

dicono anche che allora comincia la nuova comunicazione salvifica di Dio nello Spirito Santo»[214].

Lo Spirito del consiglio è in Gesù, misericordia del Padre. Così la sua anima è docile all'ispirazione e alla mozione dello Spirito Santo, e viene guidata in tutto il complesso e difficile campo della sua opera. Alla misericordia si ispira la parola e l'azione di Gesù : tremendo nella sua collera contro gli ipocriti, i ricchi ingordi e rapaci, gli ingannatori del prossimo, Egli però è venuto non a perdere, ma a salvare, quale medico e buon samaritano.

L'atteggiamento di Gesù nei confronti della donna adultera è la più meravigliosa rivelazione del consiglio e della misericordia. Sulla polvere della strada, dinanzi ai farisei vecchi e giovani pronti a condannare, Gesù ha scritto l'inno più bello al dono e alla beatitudine che sono fondamentali nella vita d'azione. Scritte nella polvere, quelle parole non sono state registrate in termini umani; ma il vento dello Spirito le ha diffuse nella nostra storia e nella nostra vita, e le ha fatte sentire a ogni anima che a un certo momento ha trovato nel cuore di Cristo, *patiens et multae misericordiae*, la "fonte di ogni consolazione", la "nostra pace e riconciliazione", la "salute di chi spera", la "speranza di chi muore"[215].

Col dono del consiglio lo Spirito prende la direzione della nostra vita d'azione, e questo dono inizia nelle anime la beatitudine della misericordia. Così il fedele, illuminato dallo Spirito, può cantare: «benedico il Signore che mi ha dato consiglio; anche di notte il mio cuore m'istruisce. Di questo gioisce il mio cuore, esulta la mia anima; anche il mio corpo riposa al sicuro» (*Sal* 16,7.9).

Nonostante la fede nel Signore che ha dato consiglio, e la preghiera di lode che ne deriva, il discepolo, nel suo cammino di vita cristiana, si viene a trovare spesso in situazioni di non facile soluzione. Si tratta di scelte da compiere, idee da manifestare, comportamenti da assumere. La capacità di tradurre in pratica le esigenze del Vangelo viene continuamente chiamata in causa di fronte ai dubbi e alle incertezze riguardo alle decisioni da prendere. Nel viaggio della vita è facile cadere o perdersi. I pericoli sono molti.

La virtù cristiana della prudenza, mediante la capacità di discernimento, già costituisce un sostegno in queste situazioni: sia per controllare una certa naturale precipitazione, sia per impedire che le ragioni della scelta siano l'interesse personale o l'orgoglio.

Tuttavia le risorse umane da sole non bastano nella grande opera di santificazione. Contro l'incertezza e l'inerzia interviene lo Spirito Santo con il dono del consiglio. Grazie ad esso il fedele, sotto l'ispirazione dello Spirito Santo, giudica

---

[214]GIOVANNI PAOLO II, *Dominum Vificantem - Lettera enciclica sullo Spirito Santo nella vita della Chiesa e del mondo*, Paoline, Milano 2005, pp. 17-18.

[215]Cf. R. SPIAZZI, *Lo Spirito Santo nella nostra vita*, p. 115.

rettamente, nei casi particolari, quello che gli conviene fare in ordine al fine ultimo soprannaturale. Così viene perfezionata la virtù della prudenza, soprattutto in quei casi, difficili da risolvere, che richiedono una soluzione rapidissima, e quando si tratta di scelte importanti. Tutto il lavoro umano, che pure è ancora normalmente necessario compiere nella sfera della virtù di prudenza, viene agevolato, o arricchito, o addirittura sostituito da una ispirazione interiore che ha origine nella mente di Dio[216].

Santa Faustina scrisse: «O mio Gesù, come è facile santificarsi. Occorre soltanto un briciolo di buona volontà. Se Gesù scorge nel cuore questo briciolo di buona volontà si affretta a donarsi all'anima e nulla può impedirglielo, né gli errori, né le cadute; assolutamente niente»[217].

Il testo riportato, tratto dal "Diario", nella sua semplicità e concisione, lancia un messaggio estremamente importante per tutti coloro che aspirano alla santità. Vale a dire, in termini più semplici, per tutti coloro i quali vogliono rispondere all'amore di Dio nella radicalità più totale[218].

Il dono del consiglio placa l'ansietà del dubbio. Attraverso questo dono lo Spirito muove l'anima secondo le vie di Dio misericordioso, e l'anima è resa docile all'ascolto e pronta a seguirlo; dà all'anima la capacità di moderazione e di equilibrio, e la discrezione senza la quale non è facile evitare eccessi e difetti. Perfezionando la virtù morale della prudenza, aiuta, inoltre, ad avere il senso della propria e dell'altrui miseria, fa comprendere quanto tutti abbiamo bisogno di essere aiutati e perdonati da Dio, e quindi quanto abbiamo bisogno di aiutarci e perdonarci mediante una reciproca misericordia. Fa avanzare nella notte con la sicurezza intima che siamo nella via di Dio. Con delicatezza e forza lo Spirito di consiglio aiuta la libertà dell'uomo di fronte ad ogni dubbio ed ansietà. Non viene eliminato il lavoro della prudenza, ma la vera direzione della vita appartiene allo Spirito.

Nel libro della Sapienza leggiamo: «Quale uomo può conoscere il volere di Dio? Chi può immaginare che cosa vuole il Signore? A stento ci raffiguriamo le cose terrestri, scopriamo con fatica quelle a portata di mano; ma chi può rintracciare le cose del cielo? Chi ha conosciuto il tuo pensiero, se tu non gli hai concesso la sapienza e non gli hai inviato il tuo santo spirito dall'alto?» (*Sap* 9,13.16-17). Secondo il brano biblico, più che conoscere i consigli degli uomini è importante conoscere il consiglio di Dio. Perciò è buon consigliere colui che parla dopo aver pregato e invocato lo Spirito, fonte di ogni sapienza e prudenza.

---

[216]Cf. *ibid.*, p. 202.
[217]F. KOWALSKA, *Diario*, p. 232.
[218]Cf. J. PHILIPPE, *Alla scuola dello Spirito Santo*, Edizioni Dehoniane, Roma 1997, p. 7.

Se il discepolo sa fare silenzio dentro di sé, raccogliendosi in preghiera per chiedere ciò che è meglio dire o fare, lo Spirito lo illumina e lo ispira, e alla fine nel cuore ritornano pace, gioia, sicurezza. Lo assicura Gesù: «non preoccupatevi di come o di che cosa dovrete dire, perché vi sarà suggerito in quel momento ciò che dovrete dire : non siete infatti voi a parlare, ma è lo Spirito del Padre vostro che parla in voi» (*Mt* 10,19-20). Come tutti i doni dello Spirito, il consiglio dispone il cristiano a lasciarsi guidare dallo Spirito di Cristo, «consigliere ammirabile» (*Is* 9,5), rendendolo docile all'appello divino. Lo Spirito è la "memoria" di Gesù, colma di pace e di dolcezza; è il "maestro dell'ora", che agisce in noi col dono del consiglio non solo quando siamo incerti e non sappiamo cosa sia meglio fare, ma anche quando rischiamo di essere precipitosi ed impazienti.

In particolare coloro che esercitano funzioni di governo necessitano, più di qualsiasi altro, dell'aiuto del dono del consiglio. E' indispensabile nella direzione delle anime.

Tutti ne hanno bisogno. Oggi più che mai. I motivi della dimenticanza del consiglio oggi paiono più profondi di ieri «e forse rappresentano anche le difficoltà che si incontrano per il discernimento. Essi ci rimandano al quadro della mentalità e della cultura nella quale viviamo»[219]. È una situazione culturale ed esistenziale assai complessa, in cui hanno peso l'immediatezza e la velocità, che «tolgono spazio alla riflessione e al confronto critico dei dati esistenziali; determinante per le scelte è il criterio dell'utile e di ciò che serve oggi o nell'immediato futuro. La "domanda" di consiglio tende quindi a diminuire una richiesta di tipo "tecnico"»:[220] essa riguarda soprattutto ciò che può aumentare il proprio benessere e cerca soluzioni che siano semplici, rapide e non compromettenti.

Ma vi è anche, positivamente, un bisogno molto sentito in questo nostro tempo, turbato da non pochi motivi di crisi e da una diffusa incertezza circa i veri valori: è quello che va sotto il nome di "ricostruzione delle coscienze". Si avverte, cioè, la necessità di neutralizzare certi fattori distruttivi, che facilmente si insinuano nello spirito umano, quando è agitato dalle passioni, e di introdurvi elementi sani e positivi[221].

Di conseguenza la strada per accogliere e coltivare il dono del consiglio è, insieme, spirituale e culturale. Comporta il ritrovamento di uno spazio di vita e di dialogo, per una fraternità gratuita edificata sull'umiltà, sul rispetto e sull'ascolto reciproco, in cui ci sia anche un confronto critico che permetta di fare l'esperienza del "consigliarsi".

---

[219]V. RAPETTI, *Consiglio*, Presenza Pastorale 67 (1997), p. 737.

[220]*Ibid.*, p. 738.

[221]GIOVANNI PAOLO II, *Discorso all'Angelus di domenica 7 maggio 1989*, in "L'Osservatore Romano", 8 maggio 1989.

È certo prezioso valutare anche gli aspetti "tecnici" e psicologici che entrano in una relazione di aiuto e di scambio come quella che si realizza nel chiedere o dare consiglio o che riguardano le dinamiche del consigliarsi: individuare a quale livello si colloca la richiesta di consiglio; valutare se e quanto posso dire in base all'esperienza, alla conoscenza del problema e della persona ; ponderare quanto il problema dell'altro o la sua richiesta di consiglio mi mette in discussione; vigilare in sostanza sulla "purezza" delle intenzioni nel momento in cui "mi metto in consiglio" con l'altro[222].

4.5 Rigenerati dalla Misericordia di Dio nella "Parola"

La Chiesa professa la misericordia di Dio, la Chiesa la vive nella sua ampia esperienza di fede[223] ed anche nel suo insegnamento, contemplando costantemente Cristo, concentrandosi in lui, sulla sua vita e sul suo Vangelo, sulla sua croce e risurrezione, sull'intero suo mistero. Tutto ciò che forma la "visione" di Cristo nella viva fede e nell'insegnamento della Chiesa ci avvicina alla "visione del Padre" nella santità della sua misericordia[224].

La Chiesa è sacramento della salvezza. Ma con questa affermazione che cosa si intende? Qual è il suo contenuto? La parola stessa sacramento rischia di orientare lo spirito verso i *realia*, verso le cose: i sacramenti, le opere, i mezzi di apostolato, l'organizzazione. Il sacramento della salvezza è lo stesso popolo di Dio, la *congregatio fidelium*, la comunità cristiana. Il sacramento della salvezza, prolungamento della misericordia che Dio ha avuto verso il mondo, per mezzo di Gesù Cristo, comprende evidentemente le due (o tre) componenti: i *realia*, che hanno avuto origine dall'incarnazione, il popolo di Dio, i fedeli pastori. Potremo spiegare tutto questo usando la distinzione di due aspetti di una stessa realtà, che il padre De Lubac esprimeva con i due termini *ecclesia congrergans, ecclesia congregata*: la chiesa che si raduna e si costituisce e la chiesa radunata e costituita: è un duplice mistero di comunicazione e di comunione: attraverso la comunicazione dei sacramenti, delle cose sante, la Chiesa è una comunione di santi, è un ovile e un gregge, è madre e popolo, è un seno materno, è una fraternità[225].

---

[222]V. RAPETTI, *Consiglio*, p. 741.

[223]Per fede si intende la verità oggettiva e rivelata che è creduta (*fides quae*), o l'affidamento soggettivo e personale a Dio (*fides qua*). Resa possibile con l'aiuto dello Spirito Santo (*At* 16,14; *2 Cor* 3,16-18), la fede è una risposta libera, ragionevole e totale (*DV* 4) mediante cui confessiamo la verità circa la divina autorivelazione compiutasi definitivamente in Cristo (cf. *Gv* 20,31; Rm 10,9), ci abbandoniamo a Dio nell'obbedienza (cf. *Rm* 1,5; 16,26) e affidiamo a Dio il nostro futuro (cf. *R*m 6,8; Eb 11,1).

[224]GIOVANNI PAOLO II, *Dives in misericordia*, p. 62.

[225]Cf. Y. CONGAR, *Un popolo messianico*, Queriniana, Brescia 1976, pp. 69-70.

La Chiesa vive una vita autentica, quando professa e proclama la misericordia, il più stupendo attributo del Creatore e del Redentore, e quando accosta gli uomini alle fonti della misericordia del Salvatore di cui essa è depositaria e dispensatrice. Gran significato ha in questo ambito la costante meditazione della parola di Dio e, soprattutto, la partecipazione cosciente e matura all'Eucaristia e al sacramento della penitenza o riconciliazione. «L'Eucaristia ci avvicina sempre a quell'amore che è più potente della morte: "Ogni volta - infatti - che mangiamo di questo pane e beviamo di questo calice", non soltanto annunciamo la morte del Redentore, ma ne proclamiamo anche la risurrezione, "nell'attesa della sua venuta" nella gloria. Lo stesso rito eucaristico, celebrato in memoria di colui che nella sua missione messianica ci ha rivelato il Padre, per mezzo della parola e della croce, attesta quell'inesauribile amore in virtù del quale egli desidera sempre unirsi ed immedesimarsi con noi, andando incontro a tutti i cuori umani. È il sacramento della penitenza o riconciliazione che appiana la strada ad ognuno, perfino quando è gravato di grandi colpe. In questo sacramento ogni uomo può sperimentare in modo singolare la misericordia, cioè quell'amore che è più potente del peccato»[226].

Nell'ambito della dottrina sacramentale cattolico-romana, notevole è stato il contributo di Karl Rahner, che illustra la Chiesa nel suo aspetto di "sacramento di salvezza". Se la chiesa stessa è il "sacramento fondamentale di salvezza", non si potranno più contrapporre tra loro la "chiesa del sacramento e dei sacramenti," la "chiesa della parola" né il sacramento e la parola, come era usuale nella teologia controversistica. Se la Chiesa stessa è il "sacramento fondamentale di salvezza", si dovrà vedere anche la parola come essenza dei sacramenti e riconoscere che già la parola dell'annuncio "contiene una presenza autentica del Signore che salva[227].

Tanto è vero che san Pietro dice: «essendo stati rigenerati non da un seme corruttibile, ma immortale, cioè dalla parola di Dio viva ed eterna, tutti i mortali sono come l'erba e ogni loro splendore è come fiore d'erba. L'erba inaridisce, i fiori cadono, ma la parola del Signore rimane in eterno» (*Pt* 1,23-25). L'autore della lettera ha una fortissima consapevolezza del fatto che il cristiano è generato dalla Parola. Pietro ha insegnato che la misericordia del Padre ci ha rigenerato, ci ha fatto nascere di nuovo; e qui aggiunge che la rigenerazione proviene dalla Parola di Dio. Il nostro vivere cristiano non viene da un seme naturale, umano e corruttibile, ma da un seme immortale.

La Parola[228] è quindi all'origine della nostra rinascita spirituale, della nostra vita, perché ci fa muovere secondo la volontà di Dio e nutre in noi la crescita

[226]GIOVANNI PAOLO II, *Dives in misericordia*, pp. 62-63.

[227]Cf. J. MOLTMANN, *La chiesa nella forza dello Spirito*, Queriniana, Brescia 1975, p. 269.

[228]Parola di Dio è "Auto-rivelazione di Dio nella storia (*DV* 1-5, 26), in quanto (a) espressa; (b) scritta e (c) incarnata, e efficace. La parola di Dio è creatrice (*Gn* 1,1 55,10-11). Dio ha parlato per mezzo dei profeti dell'AT (*Eb* 1,1; *2 Pt*

interiore. La prima Lettera di Pietro esorta i cristiani ad essere sempre pronti a dare una risposta circa il *Logòs* - il senso e la ragione- della loro speranza (cf. 3,15), "speranza come l'equivalente di "fede". Quanto sia stato determinante per la consapevolezza dei primi cristiani l'aver ricevuto in dono una speranza affidabile, si manifesta anche là dove viene messa a confronto l'esistenza cristiana con la vita di fede o con la situazione dei seguaci di altre religioni[229].

E qual è la Parola? Ricordiamo che il Primo Testamento aveva un concetto analogo, applicato tuttavia alla Legge, infatti: «la sapienza loda se stessa, si vanta in mezzo al suo popolo. Nell'assemblea dell'Altissimo apre la bocca, si glorifica davanti alla sua potenza: lo sono uscita dalla bocca dell'Altissimo» (*Sir* 24, 1-3). Quindi la sapienza è come la parola di Dio. E dopo tutto leggiamo al versetto 22 l'elogio della sapienza: «tutto questo è il libro dell'alleanza del Dio altissimo, la legge che ci ha imposto Mosè, l'eredità delle assemblee di Giacobbe».

Ecco perchè suor Faustina dice nel suo "Diario": «avvenga di me secondo il Tuo volere; avvenga di me ciò che ha stabilito la Tua sapienza fin dall'eternità»[230]. Teniamo presente che la Sapienza[231] personificata è identificata con la *Torah* che vive in mezzo al popolo di Israele. Diverso è il pensiero di Pietro che, dopo aver affermato: «la Parola di Dio rimane in eterno», aggiunge: «e questa è la Parola del Vangelo che vi è stata annunciata» (*1Pt* 1,22-25). Dunque, la Parola è quella del Vangelo, la Parola di Gesù. Anzi diremo andando oltre, come l'evangelista Giovanni, che questa parola è Gesù: in principio era la Parola, la Parola era presso Dio, la Parola era Dio, la Parola ha abitato tra noi (cf. *Gv* l, 1. 14).

Essa sgorga dalla grande *misericordia* del Padre che "ci ha rigenerato (*anagennêsas*) mediante la risurrezione di Gesù Cristo dai morti per una *speranza viva* (1,3). Essa esprime in maniera fortissima la coscienza che il cristiano dipende dalla Parola, da essa è generato e rigenerato. La Parola *genera* alla fede, per questo anche san Paolo l'ha espresso in maniera molto forte in *1Cor* 4,15: «Vi ho generato in Cristo Gesù, mediante il Vangelo». La Parola di Dio, secondo il primo capitolo della

---

1,21). Gesù ha proclamato la parola di Dio (Lc 5,1), come hanno fatto gli Apostoli (*At* 13,5; 17,13; *1 Ts* 2,13) e i loro successori nel predicare con verità il «vangelo di Dio» (*1 Ts* 2,9), una realtà che è ad un tempo rivelatrice e salvifica (*Rm* 1,15-17; 1 Cor 1,18; *2 Cor* 2,14-16). Scritte sotto la speciale ispirazione dello Spirito Santo (*Rm* 15,4; 2 Tm 3,16; *2 Pt* 1,20-21; cf. *DV* 11), le Scritture sono la parola di Dio che illumina e nutre la liturgia, l'insegnamento e la vita della Chiesa. Il Figlio di Dio preesistente è la Parola che "si è fatta carne" (*Gv* 1,14), la personale auto-comunicazione di Dio.

[229] Cf. BENEDETTO XVI, *Spe Salvi*, LEV, Città del Vaticano 2007, p. 4.

[230] F. KOWALSKA, *Diario*, p. 256.

[231] Il dono della sapienza rappresenta il più alto grado di conoscenza e di esperienza della vita spirituale. Non si tratta di una sapienza umana, come frutto maturato alla luce della ragione né di una sapienza teologica, acquisita in base all'elaborazione dei dati rivelati. La sapienza è, innanzitutto, un dono dello Spirito Santo comunicato ai cristiani gratuitamente con liberalità e benevolenza. Nella Scrittura - non c'è dubbio che lo Spirito Santo agisca mediante il dono della sapienza nel nostro intelletto e nella nostra volontà, producendo una meravigliosa conoscenza esperienziale delle cose divine, ma la prova principale dell'esistenza di questo dono, in quanto realtà soprannaturale, si trova nella Scrittura. Infatti, il testo classico di Isaia parla del germoglio della radice di Iesse: «Su di lui si poserà lo spirito del Signore: spirito di sapienza e di intelligenza, spirito di consiglio e di fortezza, spirito di conoscenza e di timore del Signore» (*Is* 11,2).

prima lettera di Pietro, è il seme, la semenza incorruttibile che genera, conserva e fa crescere il cristiano e l'intero popolo dei fedeli, la Chiesa. Per Pietro, come per tutto il Nuovo Testamento, l'unica forza generante, l'unico seme di vita nuova per sé incorruttibile, è la Parola del Signore. Essa è viva, contenuta nell'Eucaristia e nella Bibbia. Ogni altra parola, staccata o che prevalga sulla Parola di Dio, presto si isterilisce, perde la sua forza generante, si fissa in una sterilità piena e si corrompe. Questo accade quando gli uomini vogliono sostituire la Parola con i principi psicologici o teologici o fenomenologici o filosofici; danno entusiasmo per un certo tempo, ma poi si isteriliscono e vengono meno. Solo la Parola dell'Eterno e della Misericordia rimane, Essa è il *principio e fondamento* espresso assai bene nella pagina della prima lettera di san Pietro.

CONCLUSIONE

Tra le numerose riflessioni che sono state proposte in questo libro, ve n'è una che, a mio avviso, può ben racchiudere quest'ultimo momento della riflessione di santa Faustina Kowalska sul tema del mistero di Gesù misericordioso.

Gesù ha affidato a questa religiosa semplice, senza istruzione, ma forte e infinitamente fiduciosa in Dio, una grande missione: *il messaggio della Divina Misericordia rivolto al mondo intero*. La missione di santa Faustina consiste nel ricordare una verità di fede da sempre conosciuta, ma forse dimenticata, riguardante l'amore misericordioso di Dio per l'uomo e la trasmissione di nuove forme di culto della divina misericordia, la cui pratica dovrebbe portare al rinnovamento della vita di fede.

Il culto della Divina Misericordia consiste nella fiducia nell'infinita bontà di Dio e nelle opere di misericordia verso il prossimo. La missione di suor Faustina Kowalska trova una forte ispirazione nella Sacra Scrittura e si riflette nei documenti della Chiesa.

Come santa Faustina, san Giovanni Paolo II[232] si è fatto a sua volta *apostolo della Divina Misericordia*. In effetti, il suo lungo e multiforme pontificato ha qui il suo nucleo centrale; tutta la sua missione a servizio della verità su Dio e sull'uomo e della pace nel mondo si riassume in quest'annuncio, come egli stesso ebbe a dire in Polonia a Cracovia - Łagiewniki nel 2002, inaugurando il grande Santuario della Divina Misericordia: «al di fuori della misericordia di Dio non c'è nessun'altra fonte di speranza per gli esseri umani»[233]. Il suo messaggio, come quello di santa Faustina, riconduce dunque al Volto glorioso di Cristo, suprema rivelazione della misericordia di Dio. Contemplare costantemente quel Volto: questa è l'eredità che egli ci ha lasciato, e che noi con gioia accogliamo e facciamo nostra[234].

Per san Giovanni Paolo II, la misericordia di Dio vince ogni male del mondo. Per metterlo in rilievo, egli si appella all'Antico Testamento, al fine di mostrare in che modo Dio accompagna l'uomo e lo aiuta a vincere il male. Si parla, perciò, della

---

[232] Teniamo presente che la sera dell'indimenticabile sabato 2 aprile 2005, quando san Giovanni Paolo II chiuse gli occhi a questo mondo, era proprio la vigilia della seconda Domenica di Pasqua, e molti notarono la singolare coincidenza, che univa in sé la dimensione mariana - il primo sabato del mese - e quella della Divina Misericordia.

[233] GIOVANNI PAOLO II, *Inaugurazione del Santuario della Divina Misericordia*, in L. GRYGIEL, *Misericordia Divina per il mondo intero - La mistica di santa Faustina Kowalska*, p. 3.

[234] Cf. BENEDETTO XVI, *La misericordia "è il nome stesso di Dio"- Intervento in occasione del Regina Coeli, Castel Gandolfo*, 30 marzo 2008, in "L'Osservatore Romano", Roma 2008.

Sua rivelazione nella persona del Figlio e della Croce, dono all'umanità per rendere ogni uomo figlio di Dio.

La Divina Misericordia viene realizzata dalla Chiesa nello svolgimento del suo ministero amministrando i sacramenti, pregando, predicando ed operando. Questi elementi sono fondamentali per la sua missione. La misericordia esercitata dalla Chiesa consiste, tutto sommato, in molti compiti concreti che vengono compiuti dai cristiani come segno dello loro fede.

Il presente libro espone tutti i vari argomenti e settori concernenti la misericordia: le radici dell'idea della misericordia, i temi principali della mistica della spiritualità e della missione, la vera immagine del Dio Misericordioso nella Persona di Cristo e il Suo Cuore Misericordioso, la Chiesa come luogo della misericordia, il cristianesimo rigenerato dalla misericordia di Dio.

Il messaggio di santa Faustina sulla divina misericordia proclama che l'unica verità capace di equilibrare il male dell'ideologia dei totalitarismi è la verità che Dio, è Misericordia nel Cristo misericordioso. Per tale ragione, esso propone le diverse forme di culto indicate da santa Faustina (la festa della *Divina Misericordia*, la "santa immagine" di Gesù misericordioso, la preghiera detta coroncina e l'ora della misericordia).

La visione del Dio misericordioso che desidera avere relazioni strette con l'uomo, si riflette anche sulla visione di uomo. Il teocentrismo si unisce all'antropocentrismo, ed essi s'incontrano nella persona di Gesù. La verità sull'uomo invischiato nel peccato viene meglio illustrata dalla parabola del figlio prodigo. Essa, infatti, è un "paramento esistenziale" della relazione Dio - uomo.

La misericordia consiste nello scorgere Cristo nel volto di ogni essere sofferente. Ciò causa il bisogno di contatti tra gli uomini e il desiderio dei essere vicino agli stranieri, sia emigrati che di diversa appartenenza religiosa o culturale o politica. In breve, ciascuno deve essere per il prossimo un dono a somiglianza del Samaritano misericordioso. Si incontra qui anche una lezione di un'antropologia di vicinanza rispetto ad ogni uomo, che ha la sua fonte nella vicinanza di Dio rispetto al creato. L'essere quel dono misericordioso, reca anche conseguenze escatologiche. Infatti, chi è misericordioso - secondo il discorso della montagna di Cristo - otterrà misericordia. La forza del Suo insegnamento si nasconde nella forza della verità trasmessa tramite le parole.

La misericordia di Dio e la grandezza e la dignità dell'uomo sono una valida risposta per le diverse minacce di oggi, per le ideologie distorte, per il totalitarismo del potere dello stato, per lo sfascio delle famiglie e per il terrorismo[235].

---

[235]P. WARCHOŁ, *Miłosierny Bóg i miłosierny człowiek*, Ed. Franciszkańskie św. Antoniego, Wrocław – Polonia 2006, pp. 332-334 (La traduzione dal polacco è mia: titolo ; *Il Dio Misericordioso e l'uomo misericordioso*).

«La misericordia è in realtà il nucleo centrale del messaggio evangelico, è il nome stesso di Dio, il volto con il quale Egli si è rivelato nell'antica Alleanza e pienamente in Gesù Cristo, incarnazione dell'Amore creatore e redentore»[236], ha affermato Benedetto XVI prima del congresso sulla Divina Misericordia per l'anniversario della morte di Papa Wojtyła a Castel Gandolfo il 30 marzo 2008. «Quest'amore di misericordia illumina anche il volto della Chiesa, e si manifesta sia mediante i Sacramenti, in particolare quello della Riconciliazione, sia con le opere di carità, comunitarie e individuali. Dalla misericordia divina, che pacifica i cuori, scaturisce poi l'autentica pace nel mondo, la pace tra popoli, culture e le religioni»[237], ha aggiunto Benedetto XVI.

«Dio è amore» (*1Gv* 4,8), amore più grande del peccato, della debolezza, della caducità del creato (cf. *Rm* 8,20), più forte della morte; è amore sempre pronto a sollevare e a perdonare, sempre pronto ad andare incontro al figliol prodigo (cf. *Lc* 15,11-32), sempre alla ricerca della rivelazione dei figli di Dio (*Rm* 8,19), che sono chiamati alla gloria futura (*Rm* 8,18). Quest'amore viene definito misericordia, e tale rivelazione dell'amore e della misericordia ha nella storia dell'uomo una forma e un nome: si chiama Gesù Cristo[238]. Ecco perché, quest'amore risplende in modo particolare nel mistero di Cristo misericordioso[239].

---

[236]BENEDETTO XVI, *La misericordia "è il nome stesso di Dio"*, p. 5.
[237]*Ibidem.*
[238]Cf. GIOVANNI PAOLO II, *Lettera enciclica - Redemptor Hominis*, LEV, Città del Vaticano 1979, p. 15.
[239]Cf. M. BORDONI, *Gesù di Nazaret – presenza – memoria – attesa,* Queriniana, Brescia 2000, p. 342.

INDICE

Printed by Books on Demand GmbH, Norderstedt / Germany